非行少年・少女の自治共和国

ホーマー・レインとリトル・コモンウェルス

ジュディス・スティントン 著
堀真一郎 監訳
丸山晶子 訳

ホーマー・レインと少女たち

黎明書房

ハリエット・スメドレーへ

A Dorset Utopia : The Little Commonwealth and Homer Lane
by
Judith Stinton

REIMEI SHOBO

謝辞

この本を手がけるにあたって、多くの方の協力をいただいた。ドーセット州の公文書官ヒュー・ジャックス、彼のもとで働くドーセット記録室（Dorset Record Office）の職員のみなさん（とりわけピーター・アービン）、そして同記録室に保管されているリトル・コモンウェルスの資料の持ち主に、まずは感謝したい。

ネブワース・ハウス資料室のクレア・フレックと、そこに集められている資料の持ち主の方々、英国民俗舞踊民謡協会のマルコム・テイラー、レディング大学のブライアン・ライダー、スカウト協会のパット・スタイルズ、教育研究会のスタッフのみなさん、大英図書館、公立記録保管所（※現在のイギリス国立公文書館）、内務省書庫、ドーセット・カウンティ・ミュージアム（とりわけそこで学芸員をしていたリチャード・ド・ペイヤー）、ウォリック現代記録センターにもお礼を述べたい。デイヴィッド・ブラウン、シルヴィア・コフィン、アビー・コックス、マックス・ヘブディッチ、ジョンとサラ・ハドストン、ジル・キング、マーティン・ラッセルス、マイクとシーラ・リーマン、フランセス・ニコルソン、ゾーイ・レドヘッド、レイナー・アンウィンにも協力をいただいた。

コリン・ウォードには、格別な感謝を伝えたい。彼はアリスター・ウィルソンと共に、BBCラジオ4で放送されたレインの番組の録音を見つけるのに奔走してくれた。『A・S・ニイル：どの子どもにも幸せを』（原題：*A. S. Neill : Bringing Happiness to Some Few Children*）の著者ブリン・パーディとは、数々の実りある交流をさせていただいた。出版者のピーター・トルハーストには、多大な協力をいただいた。そして、ヒルフィールド修道院のフィリップ・バーソロミュー修道士とレジナルド修道士にもお礼を述べたい。

最後に、環境療法トラスト（Planned Environment Therapy Trust）の公文書官クレイグ・フィーズと職員のみなさんに感謝を述べたい。クレイグ・フィーズとはホーマー・レインについて何度も話し合い、レインの新たな一面について貴重な意見をいただいた。

挿絵および写真については、次の方々に協力いただいた。

ブリッジマン・アート・ライブラリー（表紙）、ドーセット・カウンティ・ミュージアム（2–4、24、43）、ドーセット記録室（5、12、18、19、22、31–33）、英国民俗舞踊民謡協会（35、36）、ヒルフィールド修道院資料室（6、7、20、21、23、26–28、30）、F・R・ホア（11）、F・ケンナード（10）、ライム・リージス博物館（42）、環境療法トラスト（口絵、14–17、39、40）、スカウト協会（9）

英国データ保護法に従い、本書に登場する子どもの名前は仮名である。

はじめに

イギリスの小説家グレアム・グリーンの作品の一つに、ブタの下敷きになって死んだ男の物語がある。そのような死に方をすると、彼が生涯にどれだけの偉業を成しとげたとしても、それらは人々の記憶には残らないものである。

子どもに専門的にかかわる人を除いては、ホーマー・レインの名前を知る人は今ではほとんどいない。仮に知っていたとしても、その不幸な晩年だけである。

レインの人生は波乱に満ちていた。彼は一生懸命に生きた。そのような生き方のために自分の健康と評判がどうなるかなど、気にしなかった。彼の人生の中心を占めたのは、ドーセットの片田舎に建てられたリトル・コモンウェルスでの数年である。彼はその地で、都会の下町からやってきた子どもたちに自治を中心とする生活を大胆に実行させた。その多くが犯罪歴のある子どもである。今日でも急進的といえる試みだった。

リトル・コモンウェルスが早すぎる終わりを迎えたのは、一部の女の子たちがレインに向けた告発が原因だった。レインは潔白だったが、彼女たちは間違いなく彼の経歴に傷をつけ、問題を抱える子どもを相手にする彼のすばらしい功績に影を落としたのである。

本書では、リトル・コモンウェルスの短い日々を、可能な限り子どもたちの視点で再現したつもりである。犯罪を犯す若者にいかに対処すべきかという議論の際に、レインの業績を思い出してもらえればと願っている。

ジュディス・スティントン

目次

目次

特権だらけのテムズ川に沿って
特権だらけの通りをさまよう
行き交うすべての人の顔に
あるのは悲しみと苦悩の印。

あらゆる人のあらゆる叫びに
あらゆる子どもの恐怖の悲鳴に
すべての声に、すべての規制に
聞こえるのは心を縛る枷《かせ》の音。

ウィリアム・ブレイク「ロンドン」（詩集『経験の歌』一七九四年）より

1　1919 年の地図。中央下にリトル・コモンウェルスが載っている
（1919 年版「英国陸地測量図」より）

1　デットフォード[1]の問題児がやってきた

ロンドンのタワーブリッジにある軽犯罪裁判所に、三人の少女が送られた。盗みの容疑である。実に巧妙な手をつかって盗みをはたらく子たちだった。いちばん年上は十五歳のエレン・スタンリーという。彼女は衣料品店のカウンターから生地を一巻、だれにも気づかれずにエプロンの下に隠して持ち出せるのだった。警察は何ヵ月も、特別捜査官まで配置して監視を続けた。そしてとうとうエレンは逮捕された。年下の仲間、メアリー・ダービシャーとアニー・スコットも捕まった。

三人はおとなしく法廷に到着したわけではなかった。もがき、ののしり、わめきながら、引きずられるようにして法廷に立った。学校からの報告が読み上げられるあいだも、むっつりとして、反省する様子がない。傍聴席にいたアニーの母親がすすり泣くと、それを見てアニーも泣き出した。もう一人が「バカな真似をするんじゃないよ。にらみ返してやりな」と大きな態度でささやくと、泣くのをやめた。明らかに好ましい状況ではなかった。

1　Deptford：ロンドンの南東部、テムズ川南岸の地域。造船所として栄えた下町。

しかし、実はこの三人は、自分たちが覚悟していたよりも運がよかった。担当の治安判事はセシル・チャップマンという人で、若者の非行行為にくだす判決に、それまでとは違う方法があってもよいのではないかと考えていたのだ。そして傍聴席には、大柄で薄茶色の髪をしたホーマー・レインというアメリカ人が座っていた。まもなくある施設が実験的に開設されることになっており、そこに収容する子どもを選びに来ていたのである。その施設の場所は、ロンドンから遠く離れたドーセット州の片田舎、バットクーム村にあるフラワーズ・ファームで、「リトル・コモンウェルス」(The Little Commonwealth：小さな共和国)と呼ばれることになっていた。

三人の少女について、レインはこう書き残している。

「彼女たちの第一印象は、リトル・コモンウェルスに来たところで、よくなるタイプとは思えなかった。」

しかし彼は、少女たちが捕まったときの様子を聞いて心を打たれた。

「彼女たちは盗んだものを隠し持っていたところを捕まったのだが、そのうちの一人が四人目の、最年少の子を指していったのだ。『この子を放してやって。あたしたち、警察に行ってぜんぶ白状するから。』それを聞いたとき、私はこの少女たちをコモンウェルスに連れていこうと決めたのだ。」

レインは、少女たちの盗みは、彼女たちの生活環境や育てられ方に対する、いたって健全で正当な反応だと判断したのである。彼女たちの悪行をおもしろがっているようでもあった。治安判事のチャップマンも同じように、リトル・コモンウェルスで引き取るにふさわしい子どもたちだと考えた。彼は次のように述べている。

「この少女たちの知能は高い。三人への対応は、とても難しい。しかし、やりがいがあるだろう。」

こうしてチャップマンは、法廷内の大反対を押し切って、三人の少女をレインに任せるという決定をくだしたのである。

エレン、メアリー、そしてアニーは、それから一週間、拘留された。リトル・コモンウェルスはまだ内務省の認可が下りていなかったため、準備が整うまで、親の同意を得た上での拘留だった。そのほうが、少年拘置所に入れられるよりいいだろうとの判断だった。

一週間後、レインが三人を迎えに来た。彼は少女たちに手錠をかけることはせず、付き添いを申し出た婦人看守と二人の巡査も断った。それどころか、少女の一人にタクシーを捜しに行かせて、自分はあとの二人と待っていたのだ。ロンドンのパディントン駅では、彼は一人で切符を買いに行き、そのあいだに少女たちに列車の中で読む新聞を買いにやらせた。のちにレインは、そのときのことを振り返っている。

「何度も逃げるチャンスを与えたが、彼女たちはそのチャンスを利用しようとはしなかった。三人の少女とリトル・コモンウェルスの出会いは、自己責任と自信というものを知る一歩でもあったのだ。」

レインもいっているように、三人の少女は「デットフォードの問題児」と呼ばれていた。造船所と入り江のあいだにある、狭い貧民街に生まれ育ち、細い路地と大きくカーブしているテムズ川の外に広がる世界など考えたこともなかっただろう。彼女たちにとってドーセットは、流刑地のように遠く思えたに違いない。実際、六〇年前であれば、彼女たちはオーストラリアのタスマニア島に送られる運命だったかもしれないのだ。

旅立ちの日は一九一三年七月九日だった。真夏だったので、エヴァーショット駅に着いたときは、あたりはまだ明るかっただろう。エヴァーショット駅は、ロンドンから二〇〇キロほど西の町ブリストルと、そこから一六〇キロほど南の港町ウェイマスを結ぶローカル線の、数ある駅の一つである。駅があるのはホリーウェルという村で、エヴァーショット村や、教会区にあるメルベリー・サンプフォードの屋敷、シカのいる公園からは少し離れていた。

駅からフラワーズ・ファームまではさらに遠い。駅を出ると、レインたちは、大きな二つの町、つまりドーセットとサマセットを結ぶ幹線道路ロング・アッシュ・レーンを横切ったと考えられる。もっともこの道路は一九二二年の記録によれば、当時は静寂に包まれて、草がしげり、まっすぐに延びたすてきな小道だった。一行は、バットクームの丘の長くて急な上り坂をのぼった。そこからは荒野である。目の前には、ワラビやイバラ、ヒースがまばらに生えるバットクーム高原が広がる。

2　エヴァーショット駅（1905年頃）

3　バットクーム高原

眼下には、丘から生えているかのようにバットクーム教会が建っている。その先には一列に並んだ家、古い救貧院とその農場など、村の建物がちらほらと見えた。

　少女たちが歩いた道路（といってもホコリっぽい小道だが）は、二つの異なる地形の境だった。南には白亜《チョーク》の地、そして北には緑色の湿地帯ブラックモア・ヴェールが、見渡す限り青い地平線となって広がっている。道は急カーブしてテレグラフ・ヒルを下り、シャーボーン通りにぶつかる。ミンターンとライオンズ・ゲートという二つの村を結ぶ通りだ。

　しかし、テレグラフ・ヒルの手前には、もう一つまっすぐに下りる小道がある。道は密集した松林につっこむように下りていく。道の両側は深緑色のシダに覆われた土手である。その松林のふもとにあるのがフラワーズ・ファームだった。少女たちがこれから暮らす場所である。

4　テレグラフ・ヒル。正面に見えるのは，ドーセット地方でもっとも高いドグベリーの丘（ヘルマン・リー撮影，1913年）

一日もしないうちに、少女たちはごみごみして、さわがしい、すすで汚れたロンドンの下町から、林におおわれた、信じられないほど静かな、人里から遠く離れた田舎までやってきたのだった。

三人よりひと足早く、六月二七日には一人の少女がすでにリトル・コモンウェルスに着いていた。十六歳のヴェラ・クークという子で、同じロンドンの出身である。知り合いから紹介されて、両親によって送り込まれた子だった。（判事に起訴されなくても、自主的にリトル・コモンウェルスに来ることもできたのだ。）彼女はそれまでにすでに二ヵ所の施設から脱走していた。知能が低いといわれ、「矯正不可能」つまり「矯正、改善、修正することができない」と記録されていた。

レインはリトル・コモンウェルスの生活を、女の子だけで始めたかった。女の子のほうがすぐになじむと考えたからだ。彼は、少女たちの様子をじっくりと観察した。マスコミも同じだった。この社会的な試みについては、早くも世の中にうわさが広まっていた。デイリー・エクスプレス紙は、少女たちが「泣きながら、ぼろきれをまとって、貧しい通りから連れてこられた」と報道した。初めての食事のとき、白パンか黒パンのどちらがいいかと聞かれると、少女たちは「どっちでも」と答えた。ほかの子が何を考えているのかを常に探り合い、新しい環境に緊張しているようだった。エクスプレス紙が報じたところによると、どのような服がほしいかをリストにして書き出すようにいわれると、全員がコルセットと書いたという。もっとも、コルセットは寮母が顔をしかめるだろうと彼女たち自身が判断して、リストからそっと消されたのだった。

一週間もたたないうちに、少女たちは新しい環境にすっかりなじんだ。ある子がリトル・コモンウェルスのロンドン事務局に宛てた手紙からも、そのことがうかがえる。

「ロンドンからエヴァーショットまでの旅は楽しかったです。ロンドンでの移動も楽しかったです。旅は順調でした。私はここがとても気に入っています。作業のときに履く靴がもう一足ほしいです。」

次第に子どもたちは、寮母のベス・ジョーンズ夫人を手伝って家事もするようになった。彼女もレインも、男の子が来ることを心配していた。ジョーンズ夫人は共学で起こりうる最悪のできごとを恐れていたし、レインは男の子が穏やかな生活をメチャメチャにするのではないかと予想していた。しかし、彼はそれは大したことではないと考えていた。

「私たちが口にする平和とは、活気がない状態なのだ。男の子は女の子ほど、自然の美しさやきれいな丘や花、つまり田舎の土地に心を動かされるわけではない。彼らのやんちゃな行動が行きすぎないように、何らかの権威が必要になるかもしれない。」

二週間ほどたって、少年たちがやってきた。ロンドンの下町ホックストンでかつて悪ガキだったウィル・シャープ、それにテッド・ダルストン、ロバート・ブリューワー、ハリー・ビレンである。ジム・オドネルは一日遅れて到着した。レインと少女たちはエヴァーショットまで少年たちを迎えに行った。そのときの様子をレインはこのように話している。

「彼らはふんぞり返るように歩きながら、騒々しい笑い声を立てて、タバコを吸いながら、だらしない格好で列車から降り立った。」

新聞も同じように、まるで人形のお茶会にサッカーのフーリガンが乱入したかのようだと取り上げた。四人の少女たちはすでに田舎の生活に慣れていた。次は少年たちに慣れなければならない。

フラワーズ・ファームでは少女たちが特別なお茶を用意して、食堂に飾りつけをして準備を整えていた。少年たちは、花ととっておきのケーキが乗ったテーブルについた。食事は何ごともなく終わったが、その後、少年たちはじっとしていられないオス猫のようにすぐにいなくなった。新しい土地の探索に出かけたのだ。夜遅くなって、彼らは口を真っ赤にして帰ってきた。イチゴ畑を襲撃したのだ。

少女たちがつくりあげてきた生活は、今ではメチャメチャになってしまった。少年たちはまったく家事をしようとしない。皿洗いなどはキザなマネだなどと思っていた。夜は騒々しかった。田舎のしんとした静けさが怖かったのだ。聞こえるのはキツネの太く低い吠え声や雄ジカの鳴き声、そして正体のわからない鳥の声だけだった。おじけづいた彼らは、友だちの部屋にベッドを運び入れ、身を寄せ合って寝たのだった。

ベス・ジョーンズは、いうことをきかない思春期の男の子と女の子を一緒にすると、とんでもないことになると考えていたようだった。実際、短い期間だけだったがカップルが一組できて、彼女のいうことはまんざら見当違いでもないと思われた。しかし、二人の関係は長くは続かなかった。女の子のほうが一時の甘い夢から覚めて、少年たちのテーブルから離れたのだった。彼らがピチャピチャと音を立ててスープを食べるのにうんざりしたらしい。逆に少年たちは、おしゃべりな少女たちをバカ呼ばわりするのだった。

少年たちは平和な生活を乱したわけだが、ホーマー・レインはそれをどうにかしようとはしなかった。レインのことばによれば、「私は警官ではない。自分が子どもだったら、少年たちと同じように窓ガラスを割ったり、なまけてぶらぶらしたり、イチゴを盗んだりと、好き勝手なことをしただろう」。

少女たちだけでなく、レインを助けていたジョーンズ夫妻も驚いたのだが、彼は子どもたち自身が事態を解決するのを待ったのである。

2 リトル・コモンウェルスの船出

一九一三年七月の末、ドーセット・カウンティ・クロニクル紙の主筆記者が、始まってまもないコモンウェルスを訪れた。彼は数段におよぶ記事を書いた。

「かの有名なプラトンの著書『国家』、サー・トマス・モアの『ユートピア』、ベーコン卿の『ニュー・アトランティス』を読んでもわかるように、これまでにさまざまな社会的な、あるいは政治的な試みがおこなわれてきた。そして今、そのような試みの一つが『あさましく争いに明け暮れる群れを遠く離れた[1]』緑ゆたかなドーセット州のバットクーム村で始められている。規模は小さいが、国じゅうの心ある人々の注目を集めている。とりわけ少年犯罪の更生や若者が起こすあやまちを正すこと、あるいは少年少女の発達や人格形成に関心のある人たちは注目している。

1 「都会から遠く離れた田舎で」の意。イギリスの詩人トマス・グレイ（一七一六―一七七一）の詩「田舎の墓地で詠んだ挽歌」（原題：*Elegy Written in a Country Church Yard*）の一節。

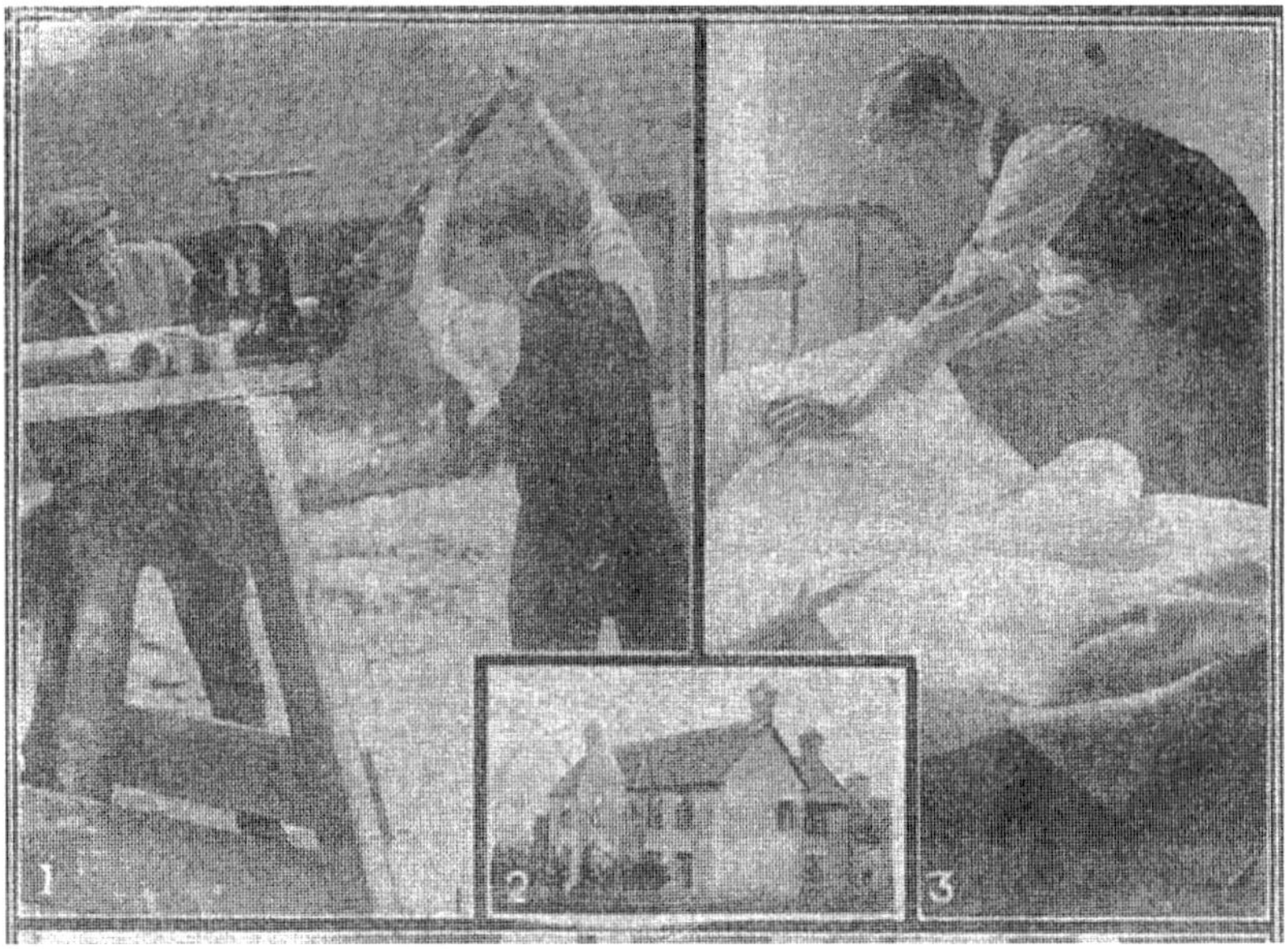

5　「ドーセットの少年少女のための共和国」
左：配管工事のひとコマ，中央：フラワーズ・ファーム，右：自分でベッドを整える

ここ数年、この分野にかんする世論の意見が大きく変わってきている。こういった問題に対する法的措置も同様だ。かつて、とりわけスラムや大都市で、若者たちがひきおこす『犯罪』と呼ぶべき行為の多くは、今日ではその原因は、遺伝や好ましくない環境によって彼らのモラルが欠如した結果なのだと認識されるようになってきた。不幸な環境から離され、大自然の中で『新たな森、新たな牧場[2]』の中で、心ある人に見守られてやりなおすこと、そこに彼らを改善する大きなカギがあるのだ。」

記者はホーマー・レインとジョージ・モン

2　イギリスの詩人ジョン・ミルトン（一六〇八－一六七四）の作品「リシダス」（原題：*Lycidas*）の一節。

タギューにインタビューした。モンタギューはリトル・コモンウェルスの設立者である。第八代サンドウィッチ伯爵の甥で、一九一六年には第九代伯爵になった人物だ。インタビューはフラワーズ・ファームでおこなわれた。ちょうど建物の建設が進められており、十二人ほどの「市民」と呼ばれる子どもたちが賑やかに作業をしているところだった。

ジョージ・モンタギューは計画を説明した。屋敷はすでに増築されている。土地は一九〇エーカー（約〇・八平方キロメートル）の広さがある。地主は伯父のサンドウィッチ伯爵で、二一年間、屋敷と土地を貸してくれることになっている。かやぶきでレンガ造りの新しい建物が二棟あり、それらはシャーボーン&チャード社の建築家R・G・スピラーに建ててもらった。それぞれの棟には、一〇人から十五人の子どもが寮職員と暮らす計画である。リトル・コモンウェルスは徐々に規模の大きい共同体になり、いずれは一〇〇人もの子どもが集まる予定だった。

6　フラワーズ・ファーム。正面に立っているのは職員のジョーンズ夫妻

屋敷の裏庭の隅には、改築して店にされた建物があった。子どもたちはそこで物を売り買いするのである。クリーニング室もできる予定だし、納屋は集会所に改築されることになっていた。壁づくりや道づくりといった建設作業は、それほど技量がなくてもできる子どもたちの仕事だ。水道ポンプはすでに完成していた。現場監督を任されたのは十四歳の「エンジニアのハリー」である。

ここから先はレインがインタビューに答えた。

「私たちが考えているのは、子どもたちに明確な責任を与えることです。責任をまっとうすることで自信をつけるのです。ホンモノの生産という視点でみれば、ここはまさに技術を養成する専門学校といえるでしょう。実用的なものづくりの技術が、きめ細かく徹底した指導のもとでおこなわれます。そして、

7　水を引くためのポンプ室を建てる

この施設そのものを、ほぼ自給自足の体制にしようと考えています。」

子どもたちはパンの焼き方を教わり、服を繕い、靴を修理する。女の子は縫い物を、男の子は仕立てをする。しっかりと日課が立てられており、食事も七時三〇分に朝食、正午に昼食、夕方五時に夕食、八時に夜食と決まっている。夕食と夜食のあいだはレクリエーションや娯楽の時間だった。

子どもたちは自己管理だけではなく、自分たちのきまりをつくることも求められた。きまりは必要に応じてそのつどつくられた。大人も話し合いに参加するが、アドバイスをするだけだった。

リトル・コモンウェルスでは、子どもたち全員が何かしらの仕事をする。男の子は馬屋や農場で、女の子は家の中で働く。給料は本物のお金ではなく、同額のアルミのコイン（本書「解説」205ページ参照）で支払われる。そのコインは敷地内の店で買い物するのに使えるのだ。外の社会に出るときのために貯えておくことをすすめられたが、一般の店では使えないため、ちょっとした誘惑に負けて使ってしまう。給料はその時々のレートで計算され、記録される。子どもたちは食べ物、衣類、家賃、税金だけでなく、保険代まで自分で払う。戦時中は世の中の相場の変動に合わせて、給料も三〇分あたり一・五ペニー引き上げられた。子どもたちはそこから税金、食費、そして宿泊費を支払う。

レインはコモンウェルスの経済のあり方について、さらに詳しく説明している。

「私たちの考えは次のようなものです。土地と建物の持ち主である役員会は、この施設を発展させたいと願っています。そして、発展に参加するのは、契約を交わしてそこに住んでいる住民です。私たち住民が施設を発展させ、役員会はそれを支援します。たとえば、役員会はパンを買って私たちに与えてくれるのではありません。私たちがする仕事に対して賃金を払ってもらい、私たちはそのお金で自分のパンを買います。このようにして、実際に稼いだ分だけ物を手に入れられるのです。」

レインは自信たっぷりにインタビューに応じた。リトル・コモンウェルスは、クロニクル紙の記事の結びのことばを借りれば、「光り輝く理想、きらめく希望、そして大きな可能性」とともに、いま船出をしたのである。

3　設立を支えた人たち

ジョージ・モンタギューがクロニクル紙のインタビューで話しているように、子どもたちの自治という発想そのものは新しくはない。十六世紀そして十八世紀にドイツとスコットランドで考えられていた自治のアイディアについて、モンタギューはざっくりと説明している。そしてイングランドではリトル・コモンウェルスより早く、バーミンガムの近郊にローランド・ヒル[1]の父親がそのような学校を創設していた。十九世紀イギリスの郵便制度を草案した、あのローランド・ヒルである。

しかし、リトル・コモンウェルスがもっとも影響を受けたのは、ニューヨーク州フリービルにあったジョージ・ジュニア・リパブリック[2]といってよい。一八九〇年に始まった自治施設で、アメリカ合衆国の

1　Rowland Hill（一七九五–一八七九）：イギリスの教師、社会改革者。料金の支払いを一ペンス切手でおこなうという画期的な郵便制度の考案者。父親の Thomas Wright Hill は教育および政治の革新者。

2　George Junior Republic：一八九五年に William R. George によってニューヨーク州に設立された青少年のための自治生活共同体。

成り立ちをモデルにしている。独自の裁判所、警察、刑務所、刑罰があり、まさに当時の社会体制を反映している。リトル・コモンウェルスも一見すると似ているようだが、より民主的で組織的で、そしてだれかに強制されるのではなく、個々の意見を集めて運営する自治をめざしていた。

ジョージ・チャールズ・モンタギューは、一九〇〇年から一九〇六年までサウス・ハンティンドンシャー州（現在のケンブリッジ州）議会の一員であった。彼の家はハンティンドンのヒンチンブルック地区にあり、かつてはかの有名なオリバー・クロムウェル家[3]の屋敷だった。リトル・コモンウェルスの設立者として申し分のない人物である。

モンタギューは非現実的な夢想家ではなかった。彼自身、若者の非行問題に深くかかわり、少年院の役員も務めていた。渡米してジョージ・リパブリックを訪れたこともあり、一九一一年一〇月には、同じような施設をイングランドにつくることを明らかにしている。その施設にはシティズン・ボーイズ・ギルドという名前をつけて、大きな町の裁判所から十六歳から十八歳の少年を数人選んでくるという考えだった。モンタギューにとって（ホーマー・レインにとっても同じだが）少年の非行とは、「よくできる子どもの暴走」であった。

一九一一年十二月、モンタギューは刑罰改革同盟の年次総会でも、施設の計画について次のように述べている。

3　Oliver Cromwell（一五九九–一六五八）：イギリスの軍人、政治家。清教徒革命でチャールズ一世を処刑に導いた。イギリス共和国（the Commonwealth）の護国卿。

「私たちの施設は少年のみでスタートさせるべきだと考えています。内務省ともめたくありませんから。」

ところが、聴衆の中に、何人かの熱心な婦人参政権論者がいたのである。一九一一年十二月十六日付のブリティッシュ・ジャーナル・オブ・ナーシング紙によれば、そのうちの二人、コンスタンス・リットン女史とシルヴィア・パンカースト嬢が「女性をのけものにしていては、そんな事業は失敗するでしょう」と声をあげた。その後も新聞社は「少年たちの共和国」あるいは「非行少年の楽園」と報道し続けたが、モンタギューが資金集めのためにおこなった数々の演説の中では、男の子だけでなく女の子についての計画も触れられることとなった。当時のイギリス社会では女性に選挙権はなかったが、女の子には男の子と同じ権利が与えられるべきで、新しく始まる施設の中では女の子も投票ができるようにする。女の子も庭仕事をする。逆に、男の子も料理を習う。男女が分けられるのは就寝時間だけである。男の子と女の子は別の建物で寝ることになるが、その建物も自分たちで建てる。そのような説明だった。

モンタギューは計画を進めるために、特に都会で開かれる会合に積極的に顔を出した。次第に彼の計画は話題になり始めた。政治家はもとより、タイムズ紙のハロルド・チャイルドといったジャーナリスト、ジョン・ゴールスワージーやデズモンド・マッカーシーなどの作家、俳優のマネージャーをしていたハーバート・ビアボーム、民俗舞踊復興家のメアリー・ニール、社会改革者のパスリック＝ローレンス夫妻、そのほか司教、教師、刑務官らが注目するようになった。そしてこの話題は、新聞を通して世界中に報道された。

一九一二年六月、イングランド北東部にある屋敷で懇親会が開かれ、大勢の上流階級の人たちが集まった。グレイ伯爵[4]が新たな施設を始めるという発表を聞くためである。実に多くの人が出席したため、会場は満員だった。しかも、参加者はこぞって夕食まで残ろうとした。その上品な聴衆たちを招いたのはマールバラ公爵夫人だった。彼女は四五〇ポンドを女の子の寮に使うという条件で、惜しみない寄付を申し出たのである。もっともその場にいた人々は、マールバラ公爵夫人その人にも関心があった。アメリカ人で、夫と別居し、社会活動に貢献

8　マールバラ公爵夫人

4　Albert Henry George Grey（一八五一－一九一七）：第四代グレイ伯爵。イギリス国内では産業や技術の発展、比例代表制の導入、教会の改革など、総督として滞在したカナダでは国立公園の設置、刑務所の改善、スポーツ大会の推進など、生涯にわたって幅広く社会改革や教育活動に力を注いだ。

してきた女性だったので、話題になるのは当然だった。この日の会合を取り上げた記事には、彼女の衣装についても書かれており、写真も掲載された。（夫人はその日、白いドレスと大きくて色の濃い帽子で人目をひいていた。）

マールバラ公爵夫人はその後、リトル・コモンウェルスの十二人の役員の一人となった。役員にはほかに、「サラワクの支配者」と呼ばれていたバートラム・ブルック[5]、ジョージ・ジュニア・リパブリック協会の会長でニューヨーク州のシンシン刑務所の長官でもあるトマス・モット・オズボーンも含まれていた。モンタギューは理事長で、彼の伯父が役員会の代表になった。一九一六年にその伯父が死去してからは、役員代表はヴィクター・リットン卿[6]が引き継いだ。モンタギューの妻アルバータと判事のセシル・チャップマン、そして銀行員のオットー・バイト、英国モンテッソーリ協会のバートラム・ホーカー、そしてマシュー・ネイサンが理事会のメンバーになった。会長はグレイ伯爵が務めた。

各新聞社は、多少からかい気味ではあったが、リトル・コモンウェルスを大々的に報じた。ただ、その根底にはいつも反アメリカ的な感情があった。リトル・コモンウェルスが「リパブリック（共和国）」と呼ばれなかったのも、その一因であった。当然のことながら、この事業はイングランドの生活と伝統に沿

5　Bertram Brook（一八七六―一九六五）：現在のマレーシアの州サラワクを一〇〇年にわたって統治したブルック一族の一人。

6　Victor Bulwer-Lytton（一八七六―一九四七）：第二代リットン伯爵。一九三二年に、国際連盟より派遣された「リットン調査団」の団長として来日。日本では「リットン卿」として知られているため、本訳ではその呼び名を採用した。

う形で進められなければならない。しかし、呼び方はどうであれ、レインがのちに観察したところによると、イギリスの子どもたちのほうがアメリカの子どもたちよりも、すんなりと自治を受け入れたのだった。

リトル・コモンウェルスを始めるには一万五〇〇〇ポンドの資金が必要だった。フラワーズ・ファームはモンタギューの伯父であるサンドウィッチ伯爵から、年間わずか一四〇ポンドという家賃で借りられることになった。ある報告書によると、その建物は「広々とした石造りの家で、一八八〇年にポーレット家によって建てられた。門にとりつけられた石の盾には、剣先を中心にして置いた三本の剣の家紋が彫られている」。

モンタギューはほどなく資金を集め終えた。当時は戦前のエドワード朝時代で、資金集めはそれほど難しくはなかった。社会改革が叫

9　ベーデン＝パウエル卿が始めたボーイ・スカウトのための農場
（バックハースト・プレイス，サセックス州）

ばれ、人道的な事業計画が数多くおこなわれていたからである。

そのころすでに、ロバート・ベーデン＝パウエル卿[7]がボーイ・スカウトのための農場を始めていた。場所はサセックス州ワドハーストの近郊バックハースト・プレイスにあり、もともと私立の精神病院として建てられた非常に立派な屋敷である。そこでは四五人の少年が班に分けられ、各班には毎月「酪農」か「農場」の仕事が与えられた。夜にはそのほかの農作業も教えられた。いずれ少年たちが自分で一から農業を始めたり、家を建てたりできるようになるのが目的であった。ベーデン＝パウエルは、自分の学校は「ジョージ・リパブリックのように共同体を形成する場所」と語っているが、異なるのは、彼の元に集まるのは非行少年ではないということだった。

バックハースト・ファームでは、集められたのは男の子のみであった。家族のような班がつくられ、その中で自分たちでものごとを裁決した。さらに、農場の市長、評議会、名誉会議のメンバー[8]が選ばれた。ホーマー・レインの伝記を書いたデイヴィッド・ウィルスは、ベーデン＝パウエルの班制を画期的な案だと考えた。一〇代の若い少年たちは、尊敬するリーダーが導く集団の一員となって、献身的についていきたがるからである。当時の新聞は、この試みは大成功だと報じた。ある時期に規模が小さくなったが、そ

7　Robert Baden-Powell（一八五七―一九四七）：イギリスの軍人、作家。軍人生活を送る中で、少年を訓練する方法を編み出した。その経験をもとに、退役後にスカウト運動（ボーイ・スカウトおよびガール・スカウト）を始める。

8　Court of Honour：名誉にかんする事件を審理し、救済を与えた法廷。騎士道裁判所の一つ。ボーイ・スカウトでは「名誉会議」と訳される。

れはいつ終わるともしれない第一次世界大戦のせいだった。十八歳の少年たちが召集されたため、存続できなくなったのである。バックハースト・ファームは一九一六年に閉鎖された。

大戦中に開設されていた子どもの施設には、ニューベリーでM・L・ショウが運営していた、若者を売春から更生するための施設がある。それ以外では、シソンビーハウスがその一つだった。場所はイングランド中部の町、メルトン・モーブリーにあるリヴァーサイド・ヴィレッジという地域である。キリスト教平和団体の「融和会」(Fellowship of Reconciliation) によって設立された施設である。リトル・コモンウェルスと同じように、主にロンドンから一〇代の非行少年たちが集め

10　M.L. ショウの更生施設シソンビーハウス
（メルトン・モーブリー，レスター州）

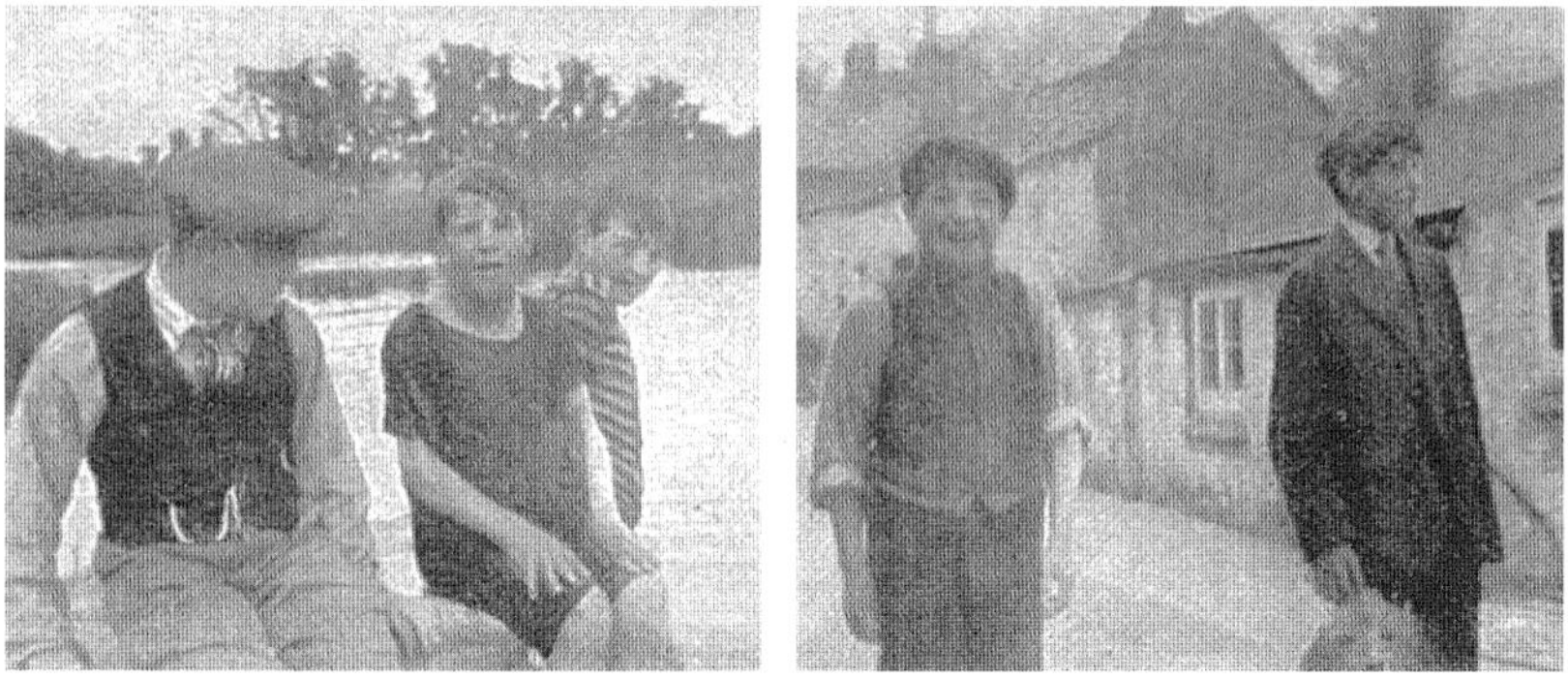

11　ロンドンからシソンビーハウスに送られてきた少年たち

られていた。最高責任者であるF・ラッセル・ホアがいうには、そこは「何かしらの理由でだれにもかかわってもらえない」子どもたちを救済するための場所だった。「救いようがなく、望みがない」とレッテルを貼られた少年や少女たちである。

ホアは根っからの無政府主義者で、子どもたちをよい「市民」ではなく、「反逆者」にしようとした。反逆者とは、つまり自分で考えることのできる人間である。自分自身と向き合うようになったとき、子どもたちの顔が「仮面が落ちるように」変わることにホアは気づいていた。レインのように、ホアも独自の強い信念を持っていた。政治的な体制をことごとく拒み、自治さえも取り入れなかった。自治とは、実は大人が密かに糸を引いているものだと見抜いていたからである。それは、子どもたちの仲間として生きる人間とは、正反対の人間なのだ。

ホアは体罰もすべて廃止した。体罰は恐怖の象徴だと考えていたからである。レインと同じように、彼も愛情こそがもっとも大切だという考えだった。

「私が次のように訊かれたとしよう。助けを求めてきた人がいれば、それがどんなに哀れでひねくれた人であっても、あなたは愛情を向けることができるのか。それとも、そうできる相手であるときにのみ、愛情を向けることができるのか。私の答えはこうだ。そのような人々と親しい関係になれたとき、そして心置きなく彼らの生活に自分の身を投じることができたときに、私は彼らに愛情を向けることができるのだ。」

ホアは、もっとも大きな愛とは、見まもること、つまり手出しをしないことだと考えていた。

ホアは、感情の不安定さは、決して若者だけに見られるものではないと指摘している。大人たちも、自分ができることとできないことを見極める必要がある。若者にかかわろうとするなら、大人自身がまず自分を理解し、ありのままの自分でいなければならない。とりわけ性の問題に直面するときにはそうである。若者と同じように大人も、意識的か無意識か、おおっぴらなものか抑圧されたものかに関係なく、感情のもつれには多くの場合、性が関係している。いうまでもなく、性的感情には同性間のケースも含まれる。

男の子と女の子、しかも非行に走った若者が共同生活を送るというのは、当時は新しい試みだった。ホアはレインよりも徹底していた。彼は反体制者といわれていたレインをしばしば「資本主義の信奉者」だと見なしていた。二人には異なる部分もあったが、しかし共通点はそれよりももっと大きかった。どちらもアカデミックな教育より農業や技術の修得を重視した。どちらの施設も郊外の落ち着いた自然の中にあった。どちらも愛情を大切なものと考えた。そしてベーデン＝パウエルと同じように、二人の試みも第一次世界大戦を乗り切ることはできなかった。

4　子どもの自治が始まる

昼食は肉汁をぬったパン、
夕食も肉汁をぬったパン。
妻はいう。
肉と野菜はあなたの身体によくないのよ、と。
ある日、
妻は特別な昼食を用意してくれた。
私を食堂に連れて行き
肉を見せてくれたのだ。

（イースト・エンドの歌[1]）

1　East End：ロンドン東部にある、貧困層や移民などの労働者が多く住む商業地区。Bread and dripping は肉を焼いたあとに残る油をパンにぬって食べるもの。特に戦時中に貧しい家庭でよく食べられていた。

問題を起こした子どもをレインがみずから選んで集めたこの新たな場所で、最初のリーダーとなったのはエレン・スタンリーだった。エレンは行商人の娘で、ロンドン南東部のデットフォードの出身だった。エレンがまだ幼いころ、両親があり金のすべてを果物と野菜につぎこんだことがある。ロンドンから二〇キロほど南のエプソムの町でダービー競馬が開かれる日に、売るためである。しかし、運の悪いことに、その年のダービーは中止になり、一家の財産も消えてしまった。ほどなく両親は朝から晩まで酒を飲んで過ごすようになり、エレンも弟も妹も放ったらかしにされた。エレンはだれに注意されることもなく、デットフォードのスラムをうろつくようになった。近くの市場で万引きの腕をあげたのも、そのころである。

そして今、エレンの運命が再び変わろうとしていた。デットフォードの三人組と呼ばれたエレン、メアリー、アニーは、田舎に移り住むだけでなく、騒々しくて荒々しい男の子たちに慣れなければならなかった。どんな騒ぎが起きても、レインは静かに目をつぶっているばかりで、助けてくれそうな気配はなかった。

レインの助手のジョーンズ氏は、レインほど我慢強くはなかった。ある日、女の子たちにせかされて、ジョーンズ氏は茂みから一本の枝を折ると、男の子の寝室へと階段を上がった。そのムチを使いはしなかったが、次に何か起きたときには使うかもしれないぞ、と男の子たちを脅した。しかしその効果はまったくなく、騒ぎは夜な夜な続いたのだった。

ある晩、とりわけ騒々しい騒ぎのあと、レインは様子を見るために階段を上がった。少年たちはタヌキ寝入りをしていたのだが、一人がベッドから飛び起きた。

「みんな、大丈夫だ。レイン先生だぞ。」

そのときレインは、自分が少年たちに受け入れられていると確信した。それは彼らが自信をつけ始めてきたということでもある。ようやくレインの出番である。レインのことばを借りれば、彼の役目は「悪いこともよいことも含め、少年たちのすべての活動を後押しすること」であった。

寮の騒音をどうすべきか意見を聞きたいという名目で、レインは初めて全体会議を招集した。「男の子たちはどうしても相部屋がいいようだが、本当に個室より相部屋にすべきだと思うかね」と投げかけた。こうしなさい、といわれるのではなく、意見を求められたことに驚いた子どもたちは、おそるおそる意見を出し始めた。次第に声は大きくなり、話し合いの内容はどんどん広がった。最年長の少年などは、「オレが話している最中に割って入るやつはひっぱたくぞ」と脅す始末だった。

子どもたちは話し合いを進めるために、議長ではなく「警官」を選出することにした。警官なら多少はどういうものか知っていたからだ。そして、新しい寮の部屋は個室にすると決まった。ある少年は、母親の写真を飾りたいから個室がいい、と希望した。別の少女は、「夜にぐっすり眠れないと、次の日に顔がしわくちゃになって、一日じゅうイライラするの」と発言した。こうして、夜の一〇時以降は騒がないことになった。

子どもたちの話し合いは、より日常の基本的なことがらに移った。浴室やろうかでせっけんを投げないことや、服はベッドの下につっこむのではなく、しかるべき場所にかけることが決まった。話し合いは二時間を超えた。モンタギューが約束したとおり、女の子にも男の子と同じように挙手をする権利が与えられた。子どもたちは話し合いを気に入り、とても熱心に受け止めたので、はじめのうちは毎晩のようにおこなわれた。

そのうちに、話し合いの内容によって裁判（judicial）と議会（legislative）の二つに分けられるようになった。初代の「裁判官」を務めたのはエレンだった。のちに「裁判」が「法廷」、その議長が「判事」に変わるまで、その役目を続けた。これらの名称を使っていうならば、子どもたちはすぐに「裁判官」より「被告人」に共感するようになった。レインは次のように書いている。

『証人』たちは、『被告人』がお気に入りの少年なので、堂々とウソをつき、バカ騒ぎをして話し合いをめちゃくちゃにした。そのあとで少年たちは、女の子には男の子を裁く権利はないと言い出し、少女たちもそれに共感した。その結果、エレンは『裁判官』をやめた。子どもが我々大人の法廷をどのように見ているか

12　「裁判官」をつとめるエレン・スタンリー（右）と，書記をするアニー・スコット（中央）

が、なんとよく表れていることか！」

その後はある少年が「裁判官」に選ばれたが、数週間でやめさせられた。彼自身がたびたび「法廷」で訴えられ、当然のことながら裁判官が自分を裁くことはできないからだ。そこで、エレンが復帰した。彼女は公平で思慮深い「裁判官」で、罪に見合った罰を考えた。たとえば、数人の少女が危険な場所でろうそくを灯しっぱなしだったと訴えられた。「裁判官」は「被告人」に、一週間のあいだ明かりなしでベッドに入るように言い渡した。そのうちの一人はエレン本人だった。

エレンの秘書を務めたのは、わずか十三歳のアニー・スコットだった。（捕まったときは、自分は十五歳だと言い張ったのだが。）彼女は人気者で、仕事ができ、ウィットに富んでいて、女の子の中では共同生活とはどのようなものかをいち早く理解した子だった。十四歳のとき、彼女はその働きぶりを評価されて、ほかの子どもたちから金のネックレスを贈られた。エレンも同じく、高く評価された子だった。

一九一四年の議事録には「エレンのすばらしい進め方に拍手がおくられた」と記録されている。この二人の少女は、わずか一年前には、判事のセシル・チャップマンから「まったく手のほどこしようがない」といわれた子たちである。

ロンドンからやってきた子どもたちは、ほとんどがチャップマンか、グリニッジ裁判所のサイモンズ氏、あるいはウェストミンスター裁判所のホラス・スミスに、リトル・コモンウェルス行きを言い渡された子たちだった。同じくロンドンにあるオールド・ストリート裁判所の判事で『国家と子ども』の著者でもあるW・クラーク・ホールによってリトル・コモンウェルスに送られた子もいる。イングランド北東部の港町ハートリプールからの子どもは、J・E・ブレードンという判事から送り込まれた。マンチェスターから来た子もあった。

一九一五年のレインの記録によると、イングランド北部の子どもは南部の子どもにくらべて気性が荒く、けんか早くて口が悪かった。所長が裁判所の判事と協議をして期間が短縮されない限り、子どもたちは二、三年をリトル・コモンウェルスで過ごすことになるのだった。

子どもたちが犯したのは、街の徘徊や万引きなど、小さな犯罪だった。ギャンブルの経験のある少年も多かった。シシー・ショーターのように、親に見捨てられたためにやってくるケースもあった。孤児院から来る子もいる。ジョージ・ゴードンはスキャッタード・ホームズから来た。これは、ロンドン南部のカンバーウェルと中心部アルバート・ストリートにあった、行き場のない子どもたちの施設である。彼の父親はギリシアのサロニカ[2]で死亡し、未亡人となった母親もその数ヵ月後に他界していた。アセナ・オリバーは最初の八年

13　ロンドンの治安判事セシル・チャップマン

2　Salonika：ギリシア第二の都市 Thessaloniki の旧名。第一次世界大戦では連合軍の基地が置かれ、バルカン戦線の拠点となった。

を、ウォルター・ウェブは、生まれてからずっと救貧院で過ごしてきた。そういった子どもたちは、ほかに行くあてがないためにリトル・コモンウェルスに送られたのだった。

その一方で、家庭が貧しいにもかかわらず、家に送り返される子どももいた。ジンジャーという少年の家はとても貧しかったが、彼は家に戻されることになった。また、道徳的に安心できない家庭もあった。フリーダ・メイラーの父親がしばしば娘に「過度にセンチメンタルな」手紙をよこすのを、レインはこころよく思わなかった。

リトル・コモンウェルスに送られてくる中には、まれに何の罪も犯していない子もあった。トム・ハメットは訴えが取り下げられたにもかかわらず、送られてきた。起訴されるような犯罪を犯していない場合は、「矯正不能」という理由をつけられるのだった。一九一四年、レインは刑罰改革同盟に、「矯正不能というのはレッテルであって、子どもの状態を説明するものではない」と訴えている。

現在の我々の耳には、当時の保護監察官の子どもに対する評価は、理由もなくきびしすぎるように聞こえる。エリーザ・バットラーという子は正当防衛でリトル・コモンウェルスに送られたのだが、「役立たずで、ふざけ者で、信用ならない」と記録されていた。別のある少年は、「不安定で、低俗で、不誠実で、怠け者」と片づけられていた。アセナ・オリバーは、「知的能力が低いため犯罪を繰り返す可能性がある子」だといわれていた。そのような評価を聞いて、レインはますますこの子たちを受け入れようと思うのだった。

リトル・コモンウェルスの議事録は、一九一三年十二月から一九一八年五月まで残されている。見た目はありふれた深緑色のノートだが、一ページ目から実にさまざまなことが記録されている。子どもも大人もだれもが、どのようなことに対してでも、訴えたり、不満を述べたり、あるいは要求したりすることができた。判断をくだす必要があれば、最後は「裁判官」がどうするかを決めた。

リトル・コモンウェルスの「法廷」には陪審員はいない。アメリカのジョージ・ジュニア・リパブリックはアメリカの国政をモデルにしていたが、ここでは、よりシンプルな、全員で決めるという方法が採用された。これは、昔から村の寄り合いなどでとられてきた形である。すべての子どもが平等に参加でき、形式ばった複雑な法体制を必要としない方法だった。

次第に、必要にせまられて、明文化されたきまりができるようになった。男の子が女の子の寮に入ってはいけないとか、その逆だとか、書き記すまでもないきまりもあった。寮では共に生活するグループごとにそれぞれのきまりがあり、それらにかんすることは「家庭（family）内の問題」として扱われた。「刑務所」がつくられたことはなかった。警官役の子がいた時期はあるが、その期間も短かった。だれかが何かしらやらかしたときには、まわりの子がその子のしたことを容認しないというだけで十分だったからである。

レインは、刑務所とは過ちを犯した人の避難所にすぎないと考えていた。真の刑罰とは、自分が迷惑をかけた相手に顔を向けることなのである。第二回年次報告には、「市民（子ども）一人ひとりが平和の監視者である」と書かれており、その考えは議事録全体からも読み取ることができる。

だれに対してであれ、不満を口にするのは告げ口とは考えられていなかった。そのため、一般に告げ口が原因となって起きるいじめは少なかった。「裁判官」は、それがだれであろうと、「法廷」を侮辱する「市民」には罰を与えることができた。「証人」はまず、次のように宣誓しなければならなかった。

「この法廷において、真実を話すこと、真実すべてを話すこと、そして真実のみを話すことを、一市民としての誇りをもって約束します。」

「市民」になるには十四歳以上という年齢制限があったが、この権利は放棄することもできれば、取り消されることもあった。ウソの証言がバレた場合は、市民権を剥奪されることもあった。上訴も可能だった。

男の子が参加しない女の子だけの「臨時裁判」も、三人以上から要望があればおこなわれた。そのときは、女の子の「裁判官」が指名された。（アメリカのジョージ・ジュニア・リパブリックでは、女の子のための「裁判」とそのための「裁判官」を、別に設けていた。）男の子のみの「臨時裁判」も、同じ手順で開かれた。

罰金に次いでもっとも多く言い渡された罰は、その子の行動範囲をリトル・コモンウェルスの敷地内に制限する「ビッグ・バウンズ」（Big Bounds）と、農場、学校、そして工房のみの狭い範囲に限定する「クローズ・バウンズ」（Close Bounds）である。後者の場合、ほかの子どもとは仕事以外の話はできず、しかも三メートルほど離れて話さなければならなかった。しかし、体罰はなかった。レインはアメリカの学校で働いていたときに、しばしば男の子をなぐりつけたことがあるとはっきりと認めている。しかし、のちに彼は考えを変えたのだった。

一九一三年十二月二九日の記録は、ある子が家の中で雪玉を投げたと注意を受けたことから始まる。その子は「裁判官」本人だった。これはジョーンズ夫人から出された件だった。そのほかには、道具が出しっぱなしだった、リンゴが盗まれて食べられた、チャールズ・グッドウィンの身だしなみがだらしない、ボタンが取れている、といった議題へと続く。(最後の件はレインが出した。) レインはほかにも何件か議題を出している。たとえば「テッドがお客さんに対して生意気な態度をとるのをやめさせてもらいたい」という要求には、「テッドはやめるように努力すること」と決まった。子どもたちからも次々と議題が出た。ヴェラは「男の子たちが鳥を捕まえるのはいいのかしら」と尋ねた。いや、よろしくない、と「裁判官」は決めた。チャールズ・グッドウィンからは女の子たちに対して、悲しみに溢れた質問が投げかけられた。

「どなたか、私の代わりにデザートを食べてくださいましたか?」

その場は和やかに盛り上がった。

また子どもたちは、神を冒とくするような言い方をしたとか、とても悪いことばを使ったとか、あるいは女の子の場合には「女性らしくない振る舞い」をしていたとか、お互いに言い合った。石を投げたとか、窓ガラスが割れたという「家族内《ファミリー》の乱暴な行動」についても話し合われた。しかし、否定的な話ばかりではなく、それは主にレインからだったが、賞賛し合うこともあった。たとえば、ドナルド・マックファーソンは時間の使い方がすばらしい、というように。

子どもたちはとても熱心に、そして子どもらしい正義の感覚をもって話し合いに参加した。彼らは、おそらく過去に経験があるので、「裁判」の仕組みや手順をすんなりと理解したようである。そして何より、自分の意見が真剣に取り上げられることを喜んだ。

大人が議題にあげられることもあった。レイン自身の子どもたちや、ジョーンズ夫妻の娘のグラディスも同じだった。レインはサム・タッカーを「詐欺師」と呼んだことで注意を受けた。納屋がとても汚かった件にかんしては、ジョーンズ氏は無罪となった。

「裁判」は不満を解消する場でもあった。たとえば、サムはエリーザ・バットラーが自分をだましたと文句をいった。店をきりもりしていたアニーは、「私が自分が買った物のお金を払わなかったなんて、そんなことだれがいったのよ」と憤慨した。

仕方なく特別なルールを設けることになったケースもある。テッド・ダルストンの件がそうだった。彼は働くのを嫌がり、服は破れて汚れていた。「裁判」では、彼の状態を改善するために、その友人たちから税金をとることに決まった。彼のために新しい服を買うためである。テッドはその判決に激怒し、「恵んでもらった服なんてぜったいに着ない」と言い張った。結局、三人のたくましい少年たちが彼のぼろ布を脱がせて、新しい服を着せることになった。それから約六週間後、テッドは買ってもらった服の支払いをすると言い出した。先の話し合いのあと、彼は馬の世話を責任を持ってするようになっていた。そして、自分のことも自分でできるようになったのである。

繰り返し起きた問題は喫煙だった（テッドもその一人だった）。はじめのころに、十八歳未満の男の子、そして二〇歳未満の女の子は、喫煙してはいけないと決められたのだが、このきまりはしばしば破られた。一九一四年十一月一〇日、臨時の「裁判」が開かれた。ジェイブズ・ハリマンの部屋からタバコが見つかったのである。ジェイブズかテッド・ダルストン、あるいはジャック・スミスが、コモンウェルスの大工をしているポーリー氏からくすねたのだ。一九一五年二月十二日には、ドナルド・マックファーソンが喫煙の特別許可を申請して、認められている。（レイン自身も常習的なヘビースモーカーだった。）

一九一四年十一月の議事録には、レインが市民権を放棄する（つまりコモンウェルスの一員から身を引く）という劇的な記録が残っている。一部の「市民たち」と彼自身の間に、考えの違いがあるという理由だった。彼は、自分がいなくてもコモンウェルスがよりよい方向に発展していくことを願っていた。結局、十二月十一日に彼はすべての仕事に復帰することになったのだが、同時に一つの疑問が浮き彫りになった。それは、レイン自身はそのようなことはないと言い張っていたが、レインなしではリトル・コモンウェルスは存続できないのではないかという疑問である。

5　アメリカでのホーマー・レイン

ジョージ・モンタギューがリトル・コモンウェルスの初代最高責任者に選んだのは、ホーマー・レインではなく、ハロルド・ラージという名の人物であった。当時の新聞記事には、ラージはニュージーランドの出身で、マオリ族の血筋をひく社会改革者だと書かれている。

「(ラージ氏は) F・R・ベンソン氏[1]と並んで、ストラットフォード・アポン・エイヴォン・フェスティヴァル計画の重要な企画者の一人であり、彼によって、シェイクスピアの劇や民俗芸術はこの国で再び息を吹き返した。」(コモンウェルスの支援者の一人メアリー・ニールも、この運動に携わっていた。)

音楽家でありサッカー選手でもあったラージは、教養はあるが、一方でよからぬ人たちとかなり通じているとうわさされていた。モンタギューはレインの伝記を書いたデイヴィッド・ウィルスに、ラージはリットン卿が見つけた人材だと前置きした上で、彼に好意を持てないと話している。さらに、ラージは列車

1　F.R.Benson（一八五八―一九三九）：イギリスの俳優、マネージャー。一八八三年に劇団を組織し、長らく上演されていなかった作品も含めて、シェイクスピアの劇をすべて上演した。(三作品を除く。)

に乗ると数字の足し算をして、それをもとに占いをするという奇妙なクセがあると続けている。それでもラージはモンタギューにいわれて、一九一一年一〇月から翌年の二月にかけて、アメリカのジョージ・ジュニア・リパブリックを訪れている。そして一九一三年四月に、二ヵ月後の六月一日の開設に先がけて、ラージはリトル・コモンウェルスの責任者に任命された。しかし四月二八日、ロンドンのライシーアム・クラブ[2]の会合でモンタギューは、ラージをリトル・コモンウェルスの組織の責任者とするが、実際の教育は「すばらしい心理学的な経験を持つ」ホーマー・レインがおこなう、と発表した。実

2　Lyceum Club：一九〇四年にロンドンで始まった、教養ある女性が集まる社交場。文学や芸術ジャーナリズム、科学、社会問題などについて専門的な議論が交わされた。現在ではヨーロッパを中心に十七ヵ国に広がっている。Lyceumとはアリストテレスが開いた学校「リュケイオン」のラテン読み。

14　家族と写真におさまる若き日のホーマー・レイン（後列右）

際そうなるはずの計画であったが、残念なことにラージは病を患い、一〇月十六日に引退した。こうしてレインがすべての指揮をとることになったのである。

ホーマー・テリル・レインは一八七五年九月二二日、清教徒《ピューリタン》の家系の七代目として、アメリカのニューハンプシャー州ハドソンで生まれた。五人きょうだいの二番目だった。幼少時代はマサチューセッツ州のフラミンガムで、厳しく、しかし幸せに育てられ、郊外の牧場で魚を捕るなどして楽しんだ。弟のロバートによると、完璧主義の子どもで、たとえばタマネギを植えるときには、苗をきっちり二インチ間隔に並べたという。

レインの子ども時代に、一度大きな不幸が起きた。妹のベッシーが二歳で他界したのである。レインが十一歳のころのある日、兄のジョーダンと共に、庭で幼い妹の面倒を見ていた。遠くに冒険に出かけたい衝動に駆られて、二人は妹をいったん家に帰らせた。そして庭のすぐそばを走る線路を超えて池に向かった。その池には、最近つくったばかりのカヌーがつないであったのだ。一方、母親は、彼らがまだ家の近くにいるものと思い、ベッシーを再び外に出した。彼女は兄を探して線路を横切ろうとしたが、そこへ走ってきた列車にはねられてしまった。ホーマーは自分を責めた。それ以来、この事故を忘れたことはなかったに違いない。

ホーマーは人気者で、元気で物覚えのいい少年だった。地元のバンドでは、それまでに例がないほどうまくサックスを吹いたし、歌もうまかった。しかし、本にはあまり関心がなかった。高等学校に入学することができたが、その一年後には退学し、フォルジャーズ・ストアという食品雑貨店で配達人として働いた。それ以前にまだ学校に通っていたときも、仕事はしていた。彼は、さまざまな仕事をこなせたのである。

一八九八年には、サウスボロ警察所長の二番目の娘、コーラ・バーニーと結婚する。レインは当時その町に住み、小売店で配達とソーダ水を売る仕事をしていた。レインには、ほかの女性との真剣なつきあいはなかったようだ。コーラとは愛し合って結婚し、一八九九年に息子のレイモンド、そして一九〇一年に母親と同じ名前のコーラという娘が生まれている。ウマ一頭とバギーカーも手に入れたが、それは彼にはとうてい支払いきれない贅沢品だった。さらに一、二年後には、家を購入した。生涯を通じて、レインはひどい浪費家で、金にルーズだった。家族を養い、ゆたかな生活を送るためには、さらなる資金が必要だと気づいてからも、それは変わらなかった。

15　サウスボロの食品雑貨店で配達人をしていたころのホーマー・レイン

サウスボロの医者クラウド・ジョーンズ氏に勧められて、レインはボストンにあるスロイド養成学校に入学する。彼が選んだのは、主に技術を学ぶコースだった。スロイドとはフィンランド語で「技術」という意味で、ものづくりの教育法の一つである。スロイドが導入されたことで、それまで過度にアカデミックだった学校教育は、ものづくり、とりわけ木工がその中心になった。スロイドの目的は次のようなものだ。

「労働のおもしろさと楽しさを植えつけること。手作業に敬意を払うようにすること。自発性と自信のある人間へと育てること。順序よく、正確かつ精密に、ていねいに作業する習慣をつける訓練をすること。物の形をとらえる目と感覚を養うこと。考えること、努力、根気、忍耐に慣れること。体力をつけるよう促すこと。」

講師の一人はジョン・デューイ[3]で、若いレインは彼から大きな影響を受けた。デューイは当時の教育システムを批判していた。従来の教育は、子どもたちが教室にしばられ、自分のことだけを考えて学ぶ仕組みになっている。しかし本当の教育は、他人との興味の共有と、社会的なつながりのあるべきものだと考えていた。その後、レインの考え方は、スロイドとデューイを組み合わせたものが中心となった。

3 John Dewey（一八五九－一九五二）：アメリカの哲学者、教育学者。学校教育において、従来の座って先生の話を聞いたり書物や理論から学ぶという形式ではなく、子どもたちが実体験を通して学ぶことが重要だと考えた。勤務していたシカゴ大学に実験学校（Laboratory School）をつくり、「なすことによって学ぶ（Learning by Doing）」教育をみずから実践した。

こうしてレインは幸せな時期を送っていたのだが、とつぜん、予期せぬできごとが起きた。妻コーラがオープンカーに乗って風邪をこじらせ、肺炎でこの世を去ったのである。レインは悲しみにくれたが、しかし歩み始めていた新しい道をそれることはなかった。ペンシルヴェニア州立刑務所で夏の非常勤教員として木工を教え、その後、サウスボロで定時制のスロイド学校を開設した。当時の彼は、まだ革新的な学校教育には共感していなかった。それは非行少年たちを、いっそう問題児にする教育としか思えなかったからだ。

その後、レインはサウスボロから一六〇〇キロ離れたミシガン州に移り、デトロイトの学校でスロイドの教師として働いた。そのころには彼は再婚していた。お相手はコーラの姉メーベルである。この結婚は、なにかしらの事情があってまとまった話だと思われる。なぜなら、メーベルは明らかにレインの好みのタイプではなかったからだ。しかし、メーベルは生涯、レインに尽くした。一九〇四年にプリシラ（ポリーという愛称で呼ばれた）、一九〇七年にはアランという二人の子どもが生まれた。この時期、レインは実に多くの時間を小児病棟で過ごしている。それは、「子育てや離乳の諸問題、そして幼児の行動について特別な研究をするため」である。

一九〇五年、彼は少しのあいだ、デトロイトにある公園の責任者になった。その公園で遊ぶ子どもたちを観察するうちに、少年犯罪の多くは、たんなる遊びの一環なのではないかという結論に行き着いた。目を光らせる大人がいなければ、子どもたちの遊びの中では、ギャングや海賊、やくざ、泥棒がヒーローになる。そして、そのような、子どもが監視されずに遊べる場所がある町では、非行の数が少ないことに気がつき、驚いたのだった。調査を進めるうちに、レインの関心は、仕事と遊びの関連性を説いたマリア・

モンテッソーリの考えに向くことになる。

そのころ世間では妊娠中絶が論争の真最中だった。レインは賛成の立場を示して、職務を追いやられた。賛成しただけなく、実際に中絶にかかわったのではないかともうわさされた。証拠はなかったが、レインは抗議することもなく退職した。ほどなくして、ある組合に仕事を見つけた。化学工業ソルビー・プロセス社で働く社員の福利厚生のためにつくられた組合である。

その後、レインはデトロイトのハンナ・シュロス[4]という教育施設で再び木工教師として働くことになった。治安がよくなくて、ユダヤ人が多く住む地域だったが、そこに住む少年

16　デトロイトで公園の責任者だったホーマー・レイン

4　Hannah Schloss Building：デトロイトに住むユダヤ人たちが、難民支援と子どもの教育のために資金を募り、一九〇三年に設立した教育施設。数々の大胆な取り組みがおこなわれてきた。建物には、そのために投資をした革商人セリグマン・シュロスの妻の名前がつけられている。

たちのためにクラブをつくり、初期段階の自治を実験的に取り入れた。こうしてレインは少しずつ、新しい教育の知識を身につけた。実際的で社会的で、民主的な新しい教育である。

シュロスを通して、彼はダーキャンベル少年の家協会[5]にもかかわるようになった。この協会は、「絶壁の上に建てる柵は、絶壁の下に駆けつける救急車より有益である」をモットーとしていた。レインの提案で、この少年感化院はデトロイトから三〇キロほど離れた古い農家に移された。レインは少年たちの手を借りて新しい建物の設計図を描き、自分たちでコンクリートを混ぜてブロックを作った。支援者であった裕福な一家にちなんで、建物はフォード・ホール、施設全体は「フォード・リパブリック」と呼ばれた。(車のフォード社は関係ない。しかし、のちに支援者たちにわかりやすいように、ボーイズ・リパブリックと改名した。）レインはそこの責任者になり、メーベルは寮母となった。

フォード・リパブリックでは次第に自治が導入された。もっとも、のちにリトル・コモンウェルスで取り入れられた自治にくらべると、ずっと堅苦しいものではあったが。これは、アメリカの建国にならった、かの有名なジョージ・ジュニア・リパブリックと同じやり方だった。ただ、レインは、当時はジョージ・ジュニア・リパブリックのことは知らなかったといっている。フォード・リパブリックは、本当に彼自身の考えで形づくられたのかもしれない。のちのリトル・コモンウェルスと同じように、すべては財政次第だった。学校の運営は、資金面も含めて、しばしば大変な状態だった。

5　The Boy's Home and d'Arcampbell Association：一九〇六年にミシガン州で開設された少年感化院。翌年レインが監督者に就き、その後「フォード・リパブリック」と改称した。

こうしてレインは本領を発揮した。しかし、またもや惨事が彼を襲った。同僚のミス・ビンガムと関係を持ったと認めざるを得なくなったのである。ミス・ビンガムはフォード・リパブリックの教師の一人だったが、レインの個人的な秘書でもあった。レインは彼女の知的な面に好意を抱いていた。それは二人目の妻であるメーベルにはない一面だった。レインは今回も、自分の身や仕事を守ろうとはしなかった。彼は妻メーベルを寮母として残したままフォード・リパブリックを去り、みずからを懲らしめるかのようにバッファローで土木作業員として働いた。そして、妊娠していたミス・ビンガムを、子どもが生まれるまで支え、彼女と子どものことを忘れることはなかった。彼はバッファローで、生き方を考え直したようである。

ここで彼のアメリカでの経歴は終わる。フ

17 フォード・リパブリック時代のホーマー・レイン

ォード・リパブリックを訪れたジョージ・モンタギューが、レインをイングランドに招いたからである。その目的は、彼のそれまでの業績についての話を聞き、まもなく始まろうとしていたリトル・コモンウェルスの責任者に抜擢するためであった。

6　建物は自分たちの手で

リトル・コモンウェルスは大きな期待と自信、そして意気込みとともにスタートした。それがもっとも表れているのが建物である。

はじめのうちは、子どもたちはもともとあった農家のフラワーズ・ファームにブランブル（クロイチゴ）という新しい名前をつけて、そこに部屋を増築して使っていた。新しい寮はその西側に建てられた。一九一五年一〇月のある午後、ブラッケンと名づけられた新しい寮で火事が起きるまでは茅葺き屋根だった。その日、男たちと少年たちは農場に働きに出ていたが、知らせを聞いて急いで戻った。彼らが周りの建物の屋根にのぼって火の粉を踏み消したおかげで、家財の多くは無事だった。その後、建物にはスレートの屋根が葺かれた。

レインの指揮のもと、少年たちは敷地内に道路、寮の裏側には庭、そして排水溝を敷設した。一度、ある女の子が手押し車で石を運ぶ作業に加わったが、まもなくあきらめて屋内の仕事に戻った。当初の説明に反して、はじめのうちは、男の子も女の子も昔ながらの役割の域を出ることがなかったのである。

水は石灰質の丘に湧く水を、森の中の貯水溝にためて家の前までひいていた。やがて発動機とポンプが設置され、仮設の水道管で屋内にある二七〇〇リットルのタンクに水を送れるようになった。三馬力の汲み上げ機はガソリンで稼働させた。この機械を管理したのは「エンジニア」と呼ばれたハリー・ビレンだった。のちに、より大きな六～八馬力の機械を導入して七万リットルもの水を確保する案が計画された。実現していれば、コモンウェルスだけでなく、バットクームの村全体に水を供給することができたであろう。コモンウェルスには郵便ポストもあり、公式の地図にも載っていた。

宿舎はマーケット広場を囲んで八棟が建てられる計画だった。実際に建ったのは三棟である。設計はチャールズ・ヘンリー・ビダルフ＝ピンチャードという建築士が手がけた。彼は住宅建築が専門で、その後もアフターケアをするためにリトル・コモンウェルスにかかわった。はじめに取りかかった宿舎はブラッケンで、その出資をしてくれたのはマールバラ公爵夫人だった。もともとは女の子の寮として建てられたが、一九一三年十一月からは男女共用になった。建物の片側に男の子、反対側に女の子が住み、それぞれ別の入口から出入りできるようになっていた。おそらく当初は工事の都合上、建物を共有していたのだろうが、次第にそれが重要な教育理念になった。実際の家庭では、男女で建物を分けることなどないからだ。第二回年次報告には次のように書かれている。

「一〇代の若者は、幼い子どもと共に生活することで、いつのまにか自分自身を表現できるようになる。さらに、責任感も伴うようになるのである。」

レインは男の子と女の子が共に生活し、共に働けば、お互いの存在が当たり前になると考えた。恋愛や性への興味で騒ぐことも減るだろう。報告書には、いわゆる更生施設で完全な共学制を試みたのは、リトル・コモンウェルスが初めてだとはっきりと書かれている。

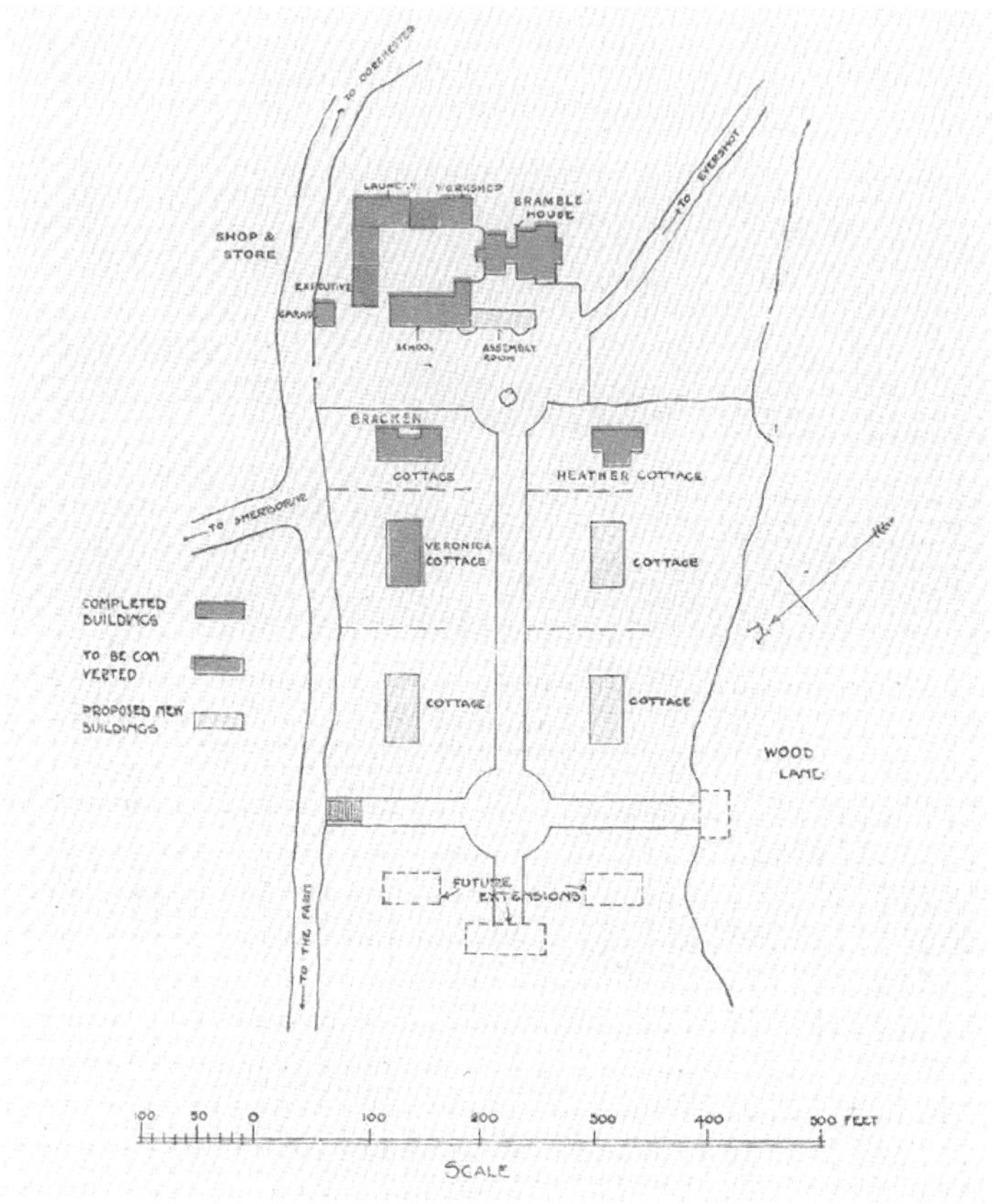

18　リトル・コモンウェルスの敷地図。色の薄い建物は，最後まで建設されなかった

どっしりとした造りの寮は、芸術作品や工芸品できれいに飾られた。モンタギューの妻アルバータが品定めした家具をはじめ、設備は十二分に整っていた。たとえばブランブル舎の備品台帳を見ると、一九一五年から翌年にかけて、食器類一式、塩つぼ、角砂糖ばさみ、魚を調理するための鍋などが購入されている。台帳には破損した物も記載されている。故意か事故かはともかく、食器類は割れることが多く、そのつど買いかえられた。ドーチェスターのゴッドウィン陶磁器店

19　南から見たリトル・コモンウェルス。左からヘザー・コテージ（寮），ブラッケン（寮），中央の大きな屋敷がフラワーズ・ファーム（子どもたちは「ブランブル」と名前を変えた）。右の長細い建物は木工室と洗濯室

20　火災にあう前の寮「ブラッケン」

の名前が、物品の明細記録にたびたび載っている。

リトル・コモンウェルスが閉鎖されたとき、売却リストに書かれていたのは、ウィンザーのイス、オーク材の本棚、観音開きの竹製の戸棚、油絵風の石盤画が二枚、ウォルター・スコットの『ウェイヴァリー』四八巻セットを含む図書の数々、当時人気だったピアノ製作者アントニー・ボードが手がけた小型ピアノ、そして羽毛の枕と布団などだった。子どもたちの多くは、きわめて貧しい家庭から来ていたので、スープ用のスプーンや薬味を入れる瓶なども、それまで見たことがなかった。ホーマー・レインがデットフォードまでエレンの両親に会いに行ったときには、ティーポットの蓋でお茶を飲まなければならなかったくらいだ。カップは二つあったのだが、欠けすぎていて客に出せない状態だったのである。


来たばかりの子どもたちは、ぎこちなく、物忘れが多く、集中力に欠けていた。ロンドンのローハンプトンにあるワイトランズ・カレッジの講師で、のちにコモンウェルスの職員となったエルジー・ベイズリーは、子どもたちがいかに物を正しく使えないかについて記している[1]。たとえば、枕カバーをテーブルクロスにしたり、電気の笠を花瓶に使ったり、カーテンで火をあおいだり、食事用のナイフで木を削ったり、という具合である。

子どもたちのあいだでも、こういった行動に不服をとなえる声が上がった。議事録を見ると、バーサ・コーエンが、たらいと食器用のふきんを事務所の床を磨くのに使ったことが問題に挙げられている。子ど

1 E.T.Bazeley: *Homer Lane and the Little Commonwealth*, Allen & Unwin, 1928.

もたちは、より楽しく、そしてより生活に慣れていくにつれ、道具や家財を有効的に使えるようになっていった。もっとも、食器だけは最後まで割れ続けたのだが。

　また、寮の中はとても散らかっているときがあった。そんなときに訪れた来訪者は、コモンウェルスに疑問を抱いたことだろう。「このままではその寮に住む子どもたちはみな仕事がクビになるぞ」と脅されるまで、寮は散らかったままだった。そしてようやく掃除がおこなわれるのだった。ミス・ベイズリーは、子どもたちがいかに熱心に楽しんで片づけをしたかを記している。

　「すみからすみまでゴシゴシと磨き、何から何まで、窓や机から戸棚やコンロまで、ピカピカに拭いていた。子どもたちはどこにホコリがたまるかをよく知っていて、いつまでも掃除をしているのだ。彼らの掃除の仕方

21　中庭をつくる子どもたち

22　ブランブルでの食事の風景。内装や家具の様子がわかる

は必要以上に念入りで、美的な喜びさえ見いだしているようである。ココアの缶でさえピカピカに磨くのだ。」

レインは、彼らが物を散らかすのは、当然だと考えていた。彼の考えでは、部屋が散らかるのは頭の中が整理されていないからだった。

レインの愛車フォードのために、車庫が建てられた。この車はある支援者から贈られたものだった。レインと同じように、彼のフォードも地元では知られていたに違いない。よく田舎道を走りまわっていたからだ。猛スピードで走りまわるのは、彼の数少ない楽しみの一つだった。

木工室と洗濯室も、早い段階で完成した。洗濯室をよく管理していたのはエレンだった。洗濯をしたくない（あるいは洗い方がわからない）子どもは、一定の料金を払えば洗ってもらうことができた。これは、なくてはならない必要なサービスだった。とりわけコモンウェルスに来たばかりの子は、おねしょなどでシーツを汚すことが多かったからである。

もう一つの重要な建物は、「ショップ」である。その店員になれるのは、男女を問わず、もっとも賢くて分別のある子どもたちだった。コモンウェルスにいるあいだ、ほぼずっと店員になれたのはアニー・スコットだった。しかし、そういった子でさえ、エルジー・ベイズリーがいうには、「決まって五歳児のように商品を並べた。青、オレンジ、赤色の箱を、中身が何であろうと、きれいな模様になるように棚に並べるのだ」。

「ショップ」と備品はすべて、レインと同じアメリカ出身のゴードン・セルフリッジから寄贈されたものばかりだった。セルフリッ

23 「ショップ」の前で花の世話をする子どもたち

ジはレインの故郷ニューイングランドとはずいぶん違う、中西部の出身だった。セルフリッジの伝記の著者によれば、中西部というのは次のような地方である。

「老いも若きも働くことが期待される。エホバの騒々しく強引な呼びかけが、広大な土地に響きわたる。怠けることは罪であり、天罰がくだる。労働こそが最も神聖なるおこないである。」

コモンウェルスの熱心な支持者だったセルフリッジは、店で使う貨幣をつくるための資金も提供した。その貨幣は、本物と同じデザインでつくったアルミ製のコインだった。また、第二回年次報告書によると、彼は一九一五年の計画案の一つにあったラベンダー栽培も支援した。もっとも、その後どこにも記録が見あたらないところをみると、この計画は成功しなかったようである。

勤勉で、レインのように鋭い勘と演出力を持ち合わせていたセルフリッジは、成功して裕福になった。一九〇九年、彼はロンドンのオックスフォード・ストリートの端、マーブル・アーチに巨大な雑貨店をオープンさせた。ロンドンで最初のデパートである。二一ものショーウィンドウ、エレベーター、屋上庭園、クリームソーダをつくる機械、香水を売る店、読書ができるコーナーなどがあった。社内会議という新しい制度も取り入れた。一三〇の部署の代表が、あらゆる問題について話し合う場を設けたのである。

セルフリッジがリトル・コモンウェルスを知ったのは、社員から聞いたからかもしれない。受付係の責任者パーシー・ナッシュが、かつて俳優ハーバート・ビアボーム・ツリーのステージマネージャーだったから、ありうる話である。ツリーは駆け出しのころ、リトル・コモンウェルスの資金集めのための昼興業《マチネ》で演じた経験があったからだ。あるいは、セルフリッジはアドバイザーのハーバート・モーガンから聞いたかもしれない。モーガンはW・H・スミス社[2]の宣伝部の責任者で、彼の相棒C・H・セント・ジョン・ホービーがリトル・コモンウェルスに寄付をしていたからだ。

リトル・コモンウェルスには教会や礼拝堂はなかったが、子どもたちは礼拝に出ることを勧められた。責任者として、レインは子どもたちに教会へ行くようにいわなければならなかったのであろう。リットン卿のような信心深い役員のメンバーから、礼拝が奨励されていたに違いない。

一九一四年二月になると、エレンを含む四人の子どもがカトリック信者として、毎週日曜日に車でシャーボーンにある聖心会[3]の教会に連れて行ってもらうようになった。この特別扱いを羨ましく思ったほかの子どもたちも、カトリック教に改宗した。プロテスタントの子どもたちは、八キロほど離れたハーミテイジの町まで歩いた。そこには祈祷室が二部屋あった。一つはメソジスト派、もう一つはそれ以外の宗派のためである。(その一つは現在も残っている。頑丈なレンガ造りの建物で、今は店舗として使われている。) しかし、多くの子どもたちが通ったのは、地元のバットクーム教会だった。

そして二週に一度、日曜日に、バットクームとフローム・ボーチャーチの教会で副牧師をつとめるジョセフ・プリブランク師が礼拝のためにリトル・コモンウェルスを訪れた。議事録によると、子どもたちは

2　W.H.Smith：元は一七九二年に設立した小売業者。現在ではイギリスの全国に店舗をもつ大型のチェーン店。書籍、新聞、雑誌、CD、文具、雑貨などを販売している。
3　聖心会（The Sacred Heart）：カトリックの女子修道会。一八〇〇年にフランスで創立した。

礼拝中にクスクス笑ったりばか騒ぎをしたりと、態度は悪かった。アリス・ウッズ編著『男女共学のすすめ』（原題：*Advance in Co-education*[4]）の中で、レインは次のように記している。

「はじめのうちは、みな当然のように礼拝に参加した。しかし次第に、欠かさず出席する者はほとんどいなくなった。そこで、副牧師の提案で礼拝の全員参加がきまりに加えられたのだが、それもやがて廃止された。その後、礼拝はコモンウェルスの中で、自分たちでおこなうようになった。多くの子どもが参加した時期もあれば、ほとんど参加する者がいなかった時期もある。時には寮の中で、家庭でのお祈りのように日常的におこなわれたこともあった。」

多くの子どもたちにとって宗教とは、彼らがそれまでの短い人生で経験してきた、管理や支配の手法の一つにすぎなかった。エレンは敬虔なカトリック教徒だったし、リジー・マーデンやそのほかの一人か二人はコモンウェルスにいるあいだに改宗したが、これは稀なケースだった。子どもたちが宗教に関心を示さなかったことを、レインはとても残念に思っていた。子どもたちが自然に、社会性を育む段階から宗教的な精神性を高める段階へと移行していくだろうと期待していたからだ。しかし、これは高望みだったかもしれない。ミス・ベイズリーによれば、子どもたちには一人だけで過ごす時間がまったくなかった。そして孤独を嫌がった。彼らには宗教的な資質が欠けていた。そういうものを伸ばすチャンスがなかったの

4　*Advance in Co-education*：イギリスの教育者アリス・ウッズ（一八四九―一九四一）が、当時はまだ珍しかった共学の学校や教育施設を訪ねまわって編さんした本。ウッズ自身、ベッドフォードで、性別と宗教の壁を超えた学校で校長に就いていた。

だ。そして子どもたちの多くが、リトル・コモンウェルスに来たときには、すでに大きくなりすぎていたのである。

レイン自身が宗教にどのくらい関心があったかについては、よくわかっていない。彼はイギリスからアメリカへ渡った清教徒の末裔で、宗教熱心な家族の中で育った。十四歳のころには組合教会[5]に入ったが、おそらく母親に勧められたのだろう。しかし、のちに彼は、格式ばった宗教に背を向けるようになる。ミス・ベイズリーは次のように考えていた。

「彼にとっては人生そのものが宗教であり、宗教的なしきたりは、学校教育と同じように次第に過去のものとなった。それでも彼は、宗教儀礼は若者の成長や環境への適応にとってごく自然な媒体の一つであると感じていた。機会があるたびに、そういったことを子どもたちに考えてもらおうとしたが、なかなかうまくいかなかったようだ。」

レイン自身の哲学の中心は、間違いなく愛情だった。慣習的なキリスト教でも、愛情はもっとも大切とされている。そういう理由からか、リットン卿は、レインこそが「人生における行動と規律の本質であるキリスト教の慈愛を、もっとも完璧かつ大胆に理解している者」と記している。

レインは晩年に近づくにつれ、自分の人生哲学を書き綴り始めた。一冊の本として完成することはなか

5　組合教会（The Congregational Church）：イギリスの植民地下にあったアメリカで、一六二〇年にピューリタンの一会派によって結成された教会。それぞれの教会では自治制がとられていた。

ったが、一九三四年にリットン卿が自身の著書『ニュー・トレジャー』（原題：*New Treasure* 6）を出版する際に、レインが書き終えていた章をその中に加えた。リットン卿は、レインには文才がないと批評しており、残されている文章についても、内容が異端すぎて読者に理解してもらえないと考えて手を加えたのだった。そして次のようにも書いている。

「レインには一般に宗教と呼ばれる精神的な力が欠けており、自分でもそのことに気づいていたが、それでも宗教的な要素なくしてはリトル・コモンウェルスは不十分だと感じてはいた。しかし、その欠けている部分は彼自身が埋められるものではなかった。レインが信じていたのは性善説で、キリスト教の原罪論は毛嫌いしていたからである。キリストが持っていたとされる超越した力もまったく信じていなかった。同じように、善き者にのみ与えられるという永遠の命も信じていない。罪を犯せば手に入らないのだし、それに多くの者は地獄に送られる。そうならないようにと皆が不安を抱えて生きなければならない。レインが信じていたのは性善説、つまり人が生まれつきもっている本性は善であるという考えだった。それは彼の仕事ぶりにもあらわれていた。」

レインは慣習的な宗教が、リトル・コモンウェルスの子どもたちに悪影響を与えるのも目のあたりにしてきた。彼は一九一六年にJ・H・シンプソンに宛てた手紙の中で、次のように書いている。

「フロイトは、性行為を心理的不安を引き起こすものとして批判しましたが、宗教による苦悩も同じ

6 *New Treasure*：リットンによって一九三九年に出版された。ホーマー・レインの業績を、キリスト教の信条とからめて、愛情との関連で分析している。

ように心理的不安の材料となると感じていました。キリスト教が道徳と強く結びつきすぎていると考えていたのです。」

レインが宗教の代わりに重視したのは愛情だった。実はキリストも、はりつけにされたのは、愛を選んだからであった。レインのいう愛情とは、詩的なものやロマンチックなものではなく、精神のあり方そのものである。それは、レイン自身が十分に育んできたものだった。（レインは晩年、しばしば自分自身をキリストと重ね合わすことがあった。）

7　自由時間の過ごしかた

ところで、リトル・コモンウェルスの子どもたちは空き時間をどのように過ごしていたのだろうか。レインは大人が用意した娯楽は意味がないと考えていたため、一日の仕事を終えて夜になると、子どもたちは思い思いに過ごした。

頻繁におこなわれたのは脱走である。特に春の時期は多かった。対外的な評判を落とすことにはなったが、レインもモンタギューも当然起こりうることだと覚悟していた。子どもたちが自分自身から、そしてそれぞれが抱える問題から逃げ出しているのだとわかっていたからだ。

リトル・コモンウェルスが始まって数ヵ月後の一九一三年十一月二七日、ドーセット・カウンティ・クロニクル紙は次のように報じた。

「サーンアバス村の簡易裁判所[1]で、ウィルフレッド・チャールズ・グッドウィンが自転車を盗んだと訴えられた。治安判事はディグビー卿である。その自転車は、リトル・コモンウェルスで働く配管工のア

1　簡易裁判所（petty sessions）：陪審なしに治安判事が開く、軽犯罪を扱う法廷。

ーサー・オーガスタス・ウォレンのものであった。グッドウィン少年はその自転車をヨーヴィルの町で売ろうとした。地元の医師ドールトン氏は、『彼の精神状態はひどく悪くて、ほかの少年たちにいわれるまま自転車を盗むしかない状況だった』と擁護した。」

グッドウィンはかつては「矯正の余地なし」と記載された子だった。盗みの罪でノッティンガム刑務所に拘留されていたときに、リトル・コモンウェルスに送られてきたのだった。彼は何度も脱走を繰り返した。結局レインの保護下に置かれることになったが、これはよくあるケースだった。

レインと同僚たちは幾度となく、逃げ出した子どもをしんぼう強く連れ戻しに行った。ヨーヴィルやシャーボーン、シェップトン・マレットの町だけでなく、ときには、はるばるロンドンまで行くこともあった。連れ戻された子どもたちは、罰として行動範囲が制限された[2]。そして、連れ戻す際にかかった費用は、子どもたちと職員から税金として徴収されるのだった。コモンウェルスの帳簿には、「破損」「脱走」「警察費」という項目が頻繁に登場するが、レインはこういったことに大騒ぎはしなかった。

リトル・コモンウェルスから脱走するのは、実は簡単ではない。子どもたちは直感で北へ行くようだった。険しい尾根を抜けるか、あるいはミンターンの村を取り囲んでいる手入れの行き届いていない東の林を、ハシバミとサイカモアカエデをかき分けながら行くのだった。この林は、イギリスの小説家トマス・ハーディの『森林地の人々』（原題：*The Woodlanders*）の舞台となった場所である。バットクーム、ヒルフィールド、ハーミテイジの村々を含むこの一帯からは、シャーボーンとヨーヴィルの町が見下ろせた。

2　クローズ・バウンド：第4章を参照。

この二つの町には市が立つ。かつて農業革命でここ一帯の土地が囲い込まれ、新しく広い道がつくられたときから続いている市である。子どもたちはその市をめざして北へ行くのだった。

いっぽう南へ行くと、尾根の端の高台に「クロス・イン・ハンド」と呼ばれる小さな石柱がポツンと立っている。その周辺でとれるパーベック石[3]を彫った小さな石柱である。何のために作られたのかはわからない。しかし、これにまつわる話はたくさんある。たとえば、上部が失われた古い十字架という説。そこは野外説教場で、もともとは木製の十字架があったが、のちに石の十字架に作りかえられた。教区教会が建てられるまで、その地方の教会の管理下にあったのではないか。あるいは、やはり同じく近くの教会に属する昔の墓地跡かもしれない。（こ

3　パーベック石：イギリス南部パーベック半島の石灰岩。建築や道路の舗装などに用いられる。

24　小さな石柱「クロス・イン・ハンド」。バットクーム高原にポツンと立っている

の石からはイエットミンスター教会が見える）。トマス・ハーディの最初の妻エマはこういった仮説が大好きな人だったが、彼女は災いをもたらす石だと信じていた。

この石はハーディの詩「失われた聖体匣《こう》」の中にも記されている。その地に伝わる中世の伝説を語った作品である。ある司祭が、死にかけている男に最後の赦しを与えるために、嵐の中を出かけた。その途中、バットクーム高原を越えるときに、彼は聖体匣を落としてしまうのだが、帰り道にその器を見つける。器は明るい一条の光に照らされており、それを囲んで動物たちが祈りを捧げていた。のちに司祭は感謝をあらわすために「光り輝いた地に石を立てた／真夜中に奇跡が起きたその場所に」[4]。

その司祭はサーンアバスの村の出身という設定である。村には修道院の跡があるが、一方で品のない巨人伝説も残る。キリスト教と異教が混じり合い、陰気さとおもしろさの両方を持ちあわせるのは、ドーセット地方の特徴だ。それはハーディも同じで、前述のように詩的な記述をするときもあれば、地元の雑誌編集者に宛てた手紙には、「一部の研究者たちは、石はキリスト教とはまったく関係がなく、その形から男根崇拝にまつわるものではないかと推測しています」とさらりと書いている。

クロス・イン・ハンドは、白昼強盗や人殺しの犯人が鎖で吊られた場所ではないかという説もある。今でも人里離れた場所に変わりはないが、十九世紀の記録には、「雑然として人通りは少なく、密輸グループの温床となっていた。そこらじゅうにハリエニシダが茂っているため、ブランデーの樽を隠すには格好の場所だったからだ」と記されている。

4　トマス・ハーディの詩 *The Lost Pyx - A Mediaeval Legend* の一節。聖体匣は聖餐式に使用する器。

この地域には世俗的なものが多く根づいていたため、キリスト教でなにもかもを制限するのは難しかった。なにしろバットクーム教会にさえ、「魔術師」といわれた村の地主ジョン・ミンターンの不思議な伝説が伝わっているくらいなのだ。ミンターンは悪魔と約束を交わした。そして悪魔の助けを借りて、馬にまたがりバットクーム高原から教会を飛び越えたというのである。その際に、教会に四つある小さな尖塔の一つを壊してしまった。その後、壊れた尖塔を修理しようとしても、きわめて難しかったという。ミンターンは「私は教会の中に葬られるのはイヤだ。教会の外に葬られるのもイヤだ」と言いのこした。そこで彼の柩は教会の壁の中に〝埋葬〟された、と伝えられている。

このような不気味な伝説と、そしてとつぜん尾根を襲う霧や雨のおかげで、子どもたち

25 バットクーム高原のふもとにたたずむバットクーム教会

が南の方角に向かうことはなかった。脱走した子どもたちは北に向かい、はるか彼方まで続く美しいブラックモア谷の南端を通り抜け、そして特にどこに続くでもないでこぼこ道と曲がりくねった小道を歩いていく。脱走が多い春は、道ばたに野生のスミレやニンニクがたくさん咲いていた。いたるところに泉や小川があり、うっかり転びそうになるアシの茂みや、湿っぽいヤナギの林もあった。ハシバミとハンノキ（木靴やタバコ入れに使われる木）がたくさん生えており、地面は砂と粘土が混じったローム質だ。枯れることのない、青々とした土地だった。バーバラ・カーは次のように回想している。

「チェトノールやリーの村々の周りは、冬になると池も小川も水があふれて、あたり一帯が浮いているようだった。牧場にはアカライチョウが、崩れた建物にはコクマルガラスが陣取っていた。」

都会育ちの子どもたちにとっては、目印になるものがほとんどない土地だったが、どうにか脱走には成功するのだった。中には、もっと近場をめざす者もいた。議事録には、バットクームの小道を下ったところにある民宿「ニュー・イン」にレモネードとビスケットを食べに行った子たちがいたと記されている。あるいは、もっと冒険してヒルフィールドの宿「グッド・ホープ・イン」までアルコールとタバコを買いに行った子もいる。戦時中の数年間は、グッド・ホープの家主はチャールズ・チャイルドだった。一九六五年に、娘のアイビー・コーニック夫人が当時を振り返っている。

「父は私たちが生きるために外へ働きに出なければなりませんでした。カヤぶき屋根を葺《ふ》いたり、馬を調教したりする仕事です。民宿での数年間はとても楽しいときでした。アイルランドやポルトガルからの避難民が、ハーミテイジの町で炭鉱で使う支柱を切る仕事を隠れてしていましたが、晩になると宿に来ていたのです。」

戦時中のグッド・ホープは意外にも国際的な場所だったようである。

抜け出さない子どもたちは、夜はそれぞれの宿舎の談話室で過ごした。集まって読書をしたり、蓄音機で音楽を聴いたり、絵の切り抜きをしたりした。ミス・ベイズリーは、その状況を次のように記している。

「私たちは仲良くランプと暖炉を囲んだ。レイン氏はよく自分の机で書き物をしているか、揺り椅子に座って本を読んだり考えごとをしていた。もちろんタバコを吸うこともあった。子どもたちが騒いで遊んでいる部屋の中でである。」

一部の子どもたちにとっては、これが初めての家族の姿だっただろう。一九一三年十二月二六日付のデイリー・メール紙には、コモンウェルスの初めてのクリスマスがリポート

26　全校集会で使われた教室

されている。

「興奮した子どもたちは、ツリーの飾りを無惨なまでにもぎ取った。中庭ではダンスがおこなわれた。夕食は焼豚にリンゴのソース、焼いた七面鳥、芽キャベツ、ジャガイモ、プラムのデザート、そして小さなキャンディやチョコレートだった。」

レインの三八歳の誕生日祝いには、コモンウェルスの「シェフ」が全員で、テカテカに白いアイシングでコーティングされたケーキ、ボウルいっぱいの蒸した鮭、そして冷たいタマネギのスライスを挟んだ巨大なサンドウィッチを用意した。これらのごちそうは、盛大な歌のプレゼントのあとに振る舞われた。

翌年一九一四年の夏は、十二人の「信頼できる子どもたち」が外にテントを張って寝ることになった。テントは、建物の作業の際に便利だという理由で、ロンドンのデパート「ガメッジ」で三六ポンドで購入されたものだった。

屋外での遊びについては、キャンプ以外に何がおこなわれていたかはわからない。スポーツをしたという記録もない。一九一九年にレインは子どもたちがスポーツには関心を示さないと語っているが、ある講演でスポーツは大切だと明言している。スポーツはいつの時代でも一〇代の若者のエネルギーを発散するのに効果的なのだ。

コモンウェルスの初期には、授業はそれほど重視されていなかった。子どもたちの多くは学校を卒業する年齢の十四歳を越えていたが、それまで丸暗記やムチで罰を加える教育しか受けてこなかったため、彼らの教養はおそまつだった。当時の公立学校では、それが一般的な教育のあり方だったのである。スコットランドの田舎にあるこの種の学校については、A・S・ニイルが著書『教師の手記』（一九一五年）に次のように記している。

「今夜は、子どもたちの帰ったあと、机に向かって考えてみた。教育とはいったい何か。私は何をしようとしているのか。少年たちは、卒業すると畑へ出て行く。女の子らは、大地主の家へ女中として働きに行く。もし私が長生きしたら、おとなになった教え子たちが、間違いだらけの字で『きょおわ、どぞ、ヅエムズお、うちえ、速く返らしてください』というような手紙を、自分の子どもに持たせてよこすことだろう。やがて親になってそのように書くと思われる子らが、ほんの五分前に私の部屋から出て行ったばかりだ。なるほど私は読み方を教えることはできる。しかし彼らは、せいぜいろくでもない週刊誌の連載物でも読めばいいところだ。書き方を教えることもできる。しかし、右のようなあわれな手紙を書くぐらいのものだ。算数を教えることもできる。しかし教えたところで、なさけなくなるくらいわずかな給料の計算をするくらいのもので、それ以上のことに使うことはないだろう。『読み書き算』とは、ムダの別名である。」(A・S・ニイル著、堀真一郎訳『クビになった教師』黎明書房、一九七九年、四五頁)

コモンウェルスの子どもたちは、いわゆる勉強に遅れている場合が多く、補習が必要だった。彼らは読書も数学も好まなかった。レインは、子どもたちが勉強をしたいと言い出すまで待った。そしてついに、レインが期待したとおり、子どもたちは話し合いで、夜の授業には必ず出席するというきまりをつくった。しかし、はじめのうちは熱心だったものの、まもなく授業に飽きるようになった。子どもたちは、学校は必要だし出席すべきだと考えてはいたが、喜んで通う人などいるのだろうかと思っていた。結局、全員がいくつかの科目を学ぶこと、ただし勉強は寮でしてもよいと決まった。多くの子どもが選んだのは、洋裁、靴の修理、ビジネスレターの書き方といった実用的な科目だった。

レインも「子どもの早期教育」について講義を開いた。彼はまた、寮の暖炉のまわりに子どもたちを集め、自分の子ども時代の話を聞かせた。アメリカ先住民のオジブエ族やメイン州のきこりと暮らしたことや、西インド諸島の砂糖のプランテーションで暮らすために、どのようにして家出をしたかというような話だった。レインの娘コーラによれば、彼は一九一二年にタイタニック号に乗ってイングランドに行こうとしたが、直前でやめたということだった。魅力的な話ばかりで、子どもたちは喜んだ。すべてレインのつくり話だったにもかかわらず……。

8 戦争の犠牲になった少年たち

レインは教育に携わる人々や刑法の改革に関心を持つ人々を相手に、たびたび講演をおこなった。子どもたちの行動について具体的にさまざまな報告をしているが、それらは机上の理論ではなく経験によるものであった。しかもレインは聴衆に合わせて話し方を変えた。十六歳のジェイブズ・ハリマンについての話は、そのいい例である。

ジェイブズはイングランド北東部の港町ウェストハートリプール出身で、地元では「若きハードパンチャー(slugger)」と呼ばれていた。「強くて、磨かれたこぶしを持つ」ジェイブズは、少年たちのあこがれだった。向こう見ずで、怒りっぽく、弱いものいじめに走りやすい子だった。仕事は熱心にするのだが、訓練を必要とする作業はしなかった。あるとき、寮で少しのあいだ彼を担当していたレインは、一つの賭けにでた。レインはのちに、そのときにどうしても彼と向かい合わなければならなかったと述べている。ジェイブズは、作業に取り組めるほかの子どもたちよりも、特別な対応が必要な少年だったのだ。

ジェイブズへの対応について、レインは聞き手によって四通りの話し方をした。デイヴィッド・ウィルスによれば、ごく簡単な報告から、ちょっとした物語まであったという。ウィルス自身が聞いた話はこうである。

「ある少年が時計を修理に出しに行こうとしたところ、ジェイブズは時計を取り上げてわざと壊しました。それを見ていたレインは、そんなに時計を壊すのが好きなら、私の時計を壊しなさいといったのです。ジェイブズは追いつめられましたが、時計を壊すことはしませんでした。このできごとをきっかけに、彼の人生は変わったのです。」

レインはリットン卿の妹であるベティ・バルフォアには、さらに物語化させて話している。その中では、時計だけでなく、皿を割る場面も登場する。一九一六年にサウス・ケンジントンでおこなった講演では、もっと作り上げられた話がなされた。しかも、一九一九年か一九二〇年の講演では、その話もまた変

27　木工室で作業をする少年たち。右の少年はジェイブズ・ハリマン。現在は礼拝室として使われている

更されているのである。最終的には、次のような話になった。ジェイブズの友だちが陶器を割るのをやめさせ、原因はレインにあると非難した。それに対してレインは自分の金の時計を差し出したが、ジェイブズはそれを壊そうとはしなかった。

この話について、レインは次のように説明している。

「彼は無意識に、物を壊すことで権力者をやっつけようとする欲求を持っていましたが、それが解消されたのです。人にかまってもらえない環境で育ったせいで、かつてはほら吹きで大げさな少年をかっこいいと考えていました。ですが今では、彼がそれまで恥ずかしいと思っていた『本来の少年らしい穏やかさ』を取り戻したのです。本来のジェイブズは、幼い子どもたちに実にやさしく、動物を愛することのできる子なのです。」

これらの話からは、ジェイブズ・ハリマンについてだけでなく、レイン自身についてもよくわかる。レインが若いやんちゃな少年たちに向ける共感は、並大抵のものではなかった。レインは自分を彼らと重ね合わせることで、子どもたちを救おうとしたのである。

時計事件のあと、ジェイブズは腕のいい大工になった。さらに、リトル・コモンウェルスを出て陸軍に入隊できる年齢に達したころには、子どもたちの「法廷」の「裁判官」も務めていたのである。その後、彼は軍隊でライフルズ連隊第二大隊の一等兵になり、友人に宛てた手紙からは、忠実で優秀な青年の姿が伺えた。しかし、一九一六年五月に戦場で命を落とした。

一九一五年までに、コモンウェルスから年長の少年のうち九人と農場担当職員が陸軍に、そして三人の少年が海軍に入隊した。そのうちの一人ウィル・シャープは、十二年間従軍した。ジョーンズ氏も志願したが、終戦を迎える前にコモンウェルスに戻ってきた。農場経営者のトマス・ブッカーは熱病にかかり、一九一五年一〇月、トルコ北西部ダーダネルス海峡上の病院船で死亡した。役員会のメンバーだったパーシー・マシェルはフランスで戦死した。

コモンウェルスから入隊した若者たちで、第一次世界大戦で命を落とした者は少なくない。たとえば、入隊後に肺炎にかかり、療養するために一時コモンウェルスに戻ってきたロバート・ブリューワー。(皮肉なことに、レインは彼について「常に自分が傷つかないように、また諸問題には巻き込まれないように警戒している子」と記録していた。)入隊後も手紙をよこし、ときには訪問にも来たチャールズ・グッドウィン。そしてドナルド・マックファーソン。ドナルドはロンドン南部のイースト・ダルウィッチ出身で、盗みを働いたためにリトル・コモンウェルスに三年間送られた。有能な若者で、新しい環境の中で成長した。二年後には、機械部門のスタッフとして抜てきされ、その才能のおかげでけんかに巻き込まれることもなかった。

一九一六年五月三〇日の役員会の議事録によると、「レイン氏がドナルド・マックファーソンの兵役免除を要請しようとしたが、彼はそれを拒否して戦争に行くこととなった」。彼は第三ドーセット隊に入隊し、一九一七年六月に負傷、一〇月に戦死した。バットクーム教会の慰霊碑には、この五人全員の名前が刻まれている。それ以前にコモンウェルスを去って音信不通になっていた少年たちの中にも、名前を刻まれることなく命を落とした者はおおぜいいただろう。

戦争以外にも、リトル・コモンウェルスで亡くなった少年がいた。一九一五年十一月三〇日、ジョージ・スウィフトが一週間の病ののちに、敗血症で死亡した。ジョージ・モンタギューから「賢く、明るく、将来が楽しみな少年」といわれた子だった。高熱を出して、一時は回復したのだが、脳に致命的な症状が現れて病状は悪化したのだった。ドーチェスターから看護士が来るまでの数日間、レイン夫妻が交代で彼の看病をした。「ロッフィー」というあだ名で呼ばれていたジョージを、モンタギューは、「故人はユーモアがあり、だれからも好かれた」と追悼した。彼はシャーボーンの教会墓地に埋葬されている。リトル・コモンウェルスは彼の葬儀のために、九ポンド二シリング六ペニーを支払っている。

ジョージ・スウィフトを診たのは、リトル・コモンウェルスの医師E・E・ドールトンだった。彼は軍医でもあり、その地域のワクチン接種医でもあった。背が高く、温厚で、大のクリケット好きであった。おかかえ運転手のフレッド・ヴァインが、一般的な馬車ではなく、単一シリンダーのド・ディオン車を運転し、診察のために村を走りまわっていた。ドールトンの車は、当時その地域ではまだ数少ない一台だった。古い馬小屋を薬の調剤室に使い、「がらくた屋」と名づけていた。

ドールトンは年間二〇ポンドで子どもたちを診察した。内務省に報告するためにまとめられた一九一七年のカルテが残っているが、内容はややぞんざいである。ある少年は「難聴で未成熟」、ほぼ全員の子どもが「ワクチン接種を受けており、虐待の跡はない」といった具合だ。一九一七年当時の子どもたちは、すでにコモンウェルスでいくらかの時間を過ごした子どもたちなので、そのような診断だったのかもしれない。初期のコモンウェルスの入所記録を見ると、さらに深刻な医療問題があったことが伺える。たとえばヘンリー・チャペルは、一九一五年から一九一六年にかけて数ヵ月のあいだ病気だった。当時はまだ公衆衛生がよくなかった。第一次世界大戦に徴集された兵士たちも、しばしば栄養不良で、健康状態はボーア戦争時（一八九九－一九〇二）の兵士と同じくらいよくなかった。

9 モンテッソーリ部の小さな子どもたち

リトル・コモンウェルスの子どもたちは多くが一〇代だったが、もっと幼い子どももいた。中にはまだ赤んぼうのような子までいた。その子たちはモンテッソーリ方式の施設の子で、コモンウェルスに一時的に預けられていたようである。

モンテッソーリ方式による教育は、当時はまだ新しかった。創設者であるマリア・モンテッソーリ博士は、イタリアで最初の女性の医学博士である。一九〇七年、彼女はローマに「子どもの家」(casa dei bambini)を設立し、幼児教育に新しい考えをもたらした。一九一四年には、モンテッソーリ方式の学校はローマに八校、そしてミラノとベローナにも建てられた。子ども用のサイズにつくられた家具や道具が用意され、大人の世界を体験できるようになっていた。こうした環境を与えることで、子どもたちは遊ぶよりも働くことを好むようになるだろうとモンテッソーリは考えた。教師の役割は、進むべき道を教えるのではなく、子どもたちの行動を見守りサポートすることであった。そうすれば、子どもたちは教師がよろこぶから(あるいは教師が恐いから)学ぶのではなく、学習そのものがおもしろいから学ぶのだと考えられた。

モンテッソーリの教育では、ままごと用の家具以外にも多くの教具が用意された。数を知るための棒、さまざまな形のブロック、ハンドベル、ざらざらした砂で書かれた単語カードなどである。子どもたちはこれらの教材を使って、自分のペースで、自分のやり方で、グループではなく一人で学ぶのだった。

モンテッソーリの思想は、またたく間にイタリアの外にも広まった。イギリスで最初のモンテッソーリ・スクールは、一九一二年にイングランド東部ノーフォーク州のイースト・ラントンにあるオールド・ホールに設立された。それから一年とたたないうちに、モンテッソーリ協会からある提案がなされた。それは、リトル・コモンウェルスにモンテッソーリ・スクールを併設するという案だった。リトル・コモンウェルスの運営管理役員会の積極的なメンバーに加わったバートラム・ホーカーは、英国モンテッソーリ協会の創設者でもあった。イギリスで最初のモンテッソーリ・スクールは、実はイースト・ラントンにある彼の自宅の客間で始まっている。

モンテッソーリ協会は、リトル・コモンウェルスにミス・タスカーを派遣した。ミス・タスカーはモンテッソーリ方式の訓練を受けた人であった。ドーセットで実践するために、ローマで一年間の特別指導を受けていたのである。

リトル・コモンウェルスに併設されたモンテッソーリ部の小さな子どもたちは、もともとは一九一三年の暮れから一年間だけ滞在する予定だった。しかし、結局はリトル・コモンウェルスが閉鎖されるまで滞在は延長された。

ところで、その幼い子どもたちはどこから来たのだろうか。当時の新聞によれば、彼らは孤児だったり、貧しい家庭から助け出されたりした子どもであった。第二回年次報告書には、「しかるべき方法で集められた、施設の保護が必要な子どもたち」と記されているが、実際には全員が捨て子や孤児というわけではなかった。「小さなジャック・レイトン」の養育費の一部は、バーミンガム近郊のブロムスグローブに住む祖母のメアリーが支払っていた。彼女からは、定期的にジャックの様子をたずねる手紙がリトル・コモンウェルスへ送られてきた。年長の子どもと同じように、一部のモンテッソーリ部の子どもの家族《ファミリー》は、限られた条件の中で子どものために精一杯のことをしていたのだった。

議事録などをみると、モンテッソーリ部の子どもたちは、しばしば「赤んぼう」と記されており、実際に文字通りの赤んぼうもいた。オリーブ・マクラソリンがリトル・コモンウェルスに来たときは、生後十一ヵ月だった。母親はコモンウェルスの支援者であるマージェソン夫人に家事手伝いとして雇われていた。父親は軍人で、フランスで戦死していた。

トミー・バーケスの母親エレナは、ロンドンのストーク・ニューイントンに暮らしていた。一九一七年八月、コモンウェルスは息子の扶養費を請求した。モンテッソーリ部の年齢を越えたからだ。エレナは週に五シリングを送る約束をした。それ以上払えないのは、もう一人手足が不自由な子どもの面倒を見ているからということだった。しかし、それからまもなくエレナはトミーを引き取り、払い戻しを要求した。

モンテッソーリ部の子どもの大きな役割の一つは、コモンウェルスの少女たちの母性本能を引き出すことだと考えられた。一九一三年十二月六日、九人のモンテッソーリ部の小さな子どもたちのために新しい建物「ブラッケン」が完成した。舞台と立派な煙突、ベランダがついた教室もまもなく完成だった。この子どもたちはブラッケンで授業を受け、夜はコモンウェルスの子どもたちと寝た。幼い子どもが加わったことで、それぞれの寮はますます家族的になった。それは、結果的に子どもたちによい効果をもたらした。

28　レインの妻メーベルとモンテッソーリ部の子どもたち。
建物は小さい子たちが暮らしたヘザー・コテージ

第二回年次報告書には、次のように記されている。

「ある少女は無頓着で協調性がなかったが、幼い子どもの面倒を見ることで、人柄がすっかり変わった。」

モンテッソーリ部の子どもたちは、のちにヘザー・コテージに移り、レインの妻のメーベルが面倒を見た。彼らはひき続き、何の不自由もなく過ごしたようで、一九一五年の経費には、「赤んぼうの服一ポンド十三シリング一ペンス、モンテッソーリ部の家具一ポンド十三シリング〇ペンス」と記録されている。一九一七年十二月までにやめていったモンテッソーリ部の子どもは、わずか三人だった。

モンテッソーリ部の併設にかんしては、レインの意見は反映されていないと思われる。ちょうど彼がコモンウェルスの責任者として指名されたばかりのころの話だからだ。デイヴィッド・ウィルスが指摘するように、レインはおそらくモンテッソーリ方式の「どちらかというと味気ない、アカデミックなやり方」を好ましくは思わなかっただろう。それに、直感で行動する人がそうであるように、そのなんとなく堅苦しい方法には共感できなかったに違いない。レインは「協同の時代[1]」というテーマで講演をおこなったときに、その中でモンテッソーリ方式について、教師が正規のやり方にとらわれなければうまくいく教育法かもしれない、と慎重にコメントしている。

レインから大きな影響を受けたA・S・ニイルは、モンテッソーリの「道徳的な道具」である教材を間違いなく嫌っていた。一九二六年、ニイルは『教育論』を出版した直後のバートランド・ラッセルに、次のような手紙を送っている。

「あなたのモンテッソーリ方式に向ける情熱に、私は共感できません。敬虔な教会の信者である女性が、きびしい道徳目的に作り上げたやり方ですから賛成できません。彼女の整然とした秩序は、本来の道理に反しています。それに私は、そのような秩序には何一つ利点を見いだせません。私の仕事場はいつも散らかっていますが、仕事そのものは整理されています。私の子どもたちは、思春期を迎えるころまでは、きっちりと順序立てることにまったく関心がありません。五歳の子どもには、モンテッソーリ教具は何の意

1　協同の時代（The Age of Loyalty）：レインは子どもの成長を四段階に分けていた。幼児時代、空想の時代、自己主張の時代、協同の時代である。詳しくは『親と教師に語る』（ホーマー・レイン著、小此木真三郎訳、文化書房博文社、一九七六年）を参照。

味も持たないことがおわかりになるでしょう。それよりも、汽車をつくる教材を用意するのがいいかと思います。」

ニイルは不道徳で突飛なことを楽しむ人だったが、レインは調和を好む人だった。モンテッソーリやニイルと同じように、レインも手仕事の技術習得を大切にしていた。しかし、モンテッソーリの方法は彼にはなじめないものだった。モンテッソーリ方式の教師たちは、さりげなく事前に打ち合わせて子どもたちをグループに分け、問題が起きたときには最小限の被害でおさまるようにしていたのだった。一方レインは、できる限りきまりを少なくした。

異なる二つの教育方針ではあったが、リトル・コモンウェルスではお互いに作用し合った。そして、どちらも教育界に大きな影響をもたらそうとしていたのである。

10 リトル・コモンウェルスに影響を受けた見学者たち

リトル・コモンウェルスと併設のモンテッソーリ部には、さまざまな見学者が訪れた。はじめのころは、泊まりがけで訪れたい人はエヴァーショットにある民宿のエイコーン・インに泊まるしかなかった。そのうちに、いくらか払えばコモンウェルスの中にあるヴェロニカ・コテージに泊まれるようになった。いちばん狭い寮のヘザー・コテージも来客の宿泊に使われた。

コモンウェルスを最初に訪れたのはある神父で、最後に訪れたのもまた別の神父だった。アメリカ大使ウォルター・ペイジも、判事のセシル・チャップマンとその妻エイドリーンも初期に訪れている。新聞の取材は多くはなかったようだ。

はじめのころに見学に来たのは、慈善活動に関心のある金持ちで社会の最先端をいく人たちだった。彼らはコモンウェルスを資金面で援助した。へんぴな場所にあったにもかかわらず、そういった人はたくさん訪れた。とりわけ最初の一年は、子どもたちは注目の的だった。そしてまた、子どもに関心を向けることそのものが注目された。コモンウェルスの支援者の一人フィルソン・ヤングは、一九一四年三月の夕刊ペルメル・ガゼット紙で、注目の度が過ぎるようになるのではないかと警告している。

「子どもたちはガラス越しにハチやアリの巣を観察するかのように、人々から見られるべきではありません。」

そのようにじろじろと見られれば、子どもたちは自分は「社会的におもしろくて貴重な人種」だと思ってしまうかもしれないからだ。実際にはそのようなことは起きなかったようだが、子どもたちは間違いなく自分たちに注目が集まることを楽しんでいた。それは、自分の存在理由を考えるきっかけにもなったかもしれない。

その後、訪れるようになったのは、子どもを相手にする専門家たちだった。多くはレインの講義に心を動かされた人たちであった。その中には二人の教師も含まれていた。A・S・ニイルとJ・H・シンプソンである。ニイルは一九一七年の冬にリトル・コモンウェルスで過ごしたことを、のちに何度も語っている。コモンウェルスから三五キロほど離れたウィルトシャー州のトロウブリッジに

29　若き日のA．S．ニイル

ある砲兵学校で、彼が訓練を受けていたころのことである。コモンウェルスの訪問は、ニイルのその後の人生を変えた。

「私は朝の四時までレインの話を聞いた。」

ニイルは子どもの味方をする必要性をレインから学んだと述べている。もっとも『教師の手記』とそれに続く著書を見れば、ニイルが以前からそのような姿勢をとっていたことがわかるのだが。ニイルはまた、レインが「子どもの行動の心理的な動機をつきとめるように」と教えてくれたとも語っている。すでに教師としての経験があったニイルの関心は、非行少年に向いていた。彼は、戦争が終わったらコモンウェルスのレインのもとで働こうと考えていた。それは実現しなかったのだが、実現しなくてよかったのかもしれない。レインがこの世を去って初めて、ニイルは生涯をかける仕事を始めることができたといってよいだろう。

レインはイングランドの名門私立校ラグビー校で教師をしていたJ・H・シンプソンにも大きな影響を与えている。一九一三年九月、レインはイングランド東部の町ホルトの私立学校グレシャム校で、そこに通う少年二〇〇人にリトル・コモンウェルスの話をした。シンプソンも初めて彼の話を聞いていた。レインはズボンのポケットに手をつっこみ、広い肩は少し前かがみで、ゆっくりと、少し間のびしながら話をした。その後の夕食の席で、シンプソンは少々遠慮がちにコモンウェルスを訪問してよいかと訊ねたのだった。そして、その年のクリスマスが過ぎたころに、彼は初めてコモンウェルスを訪れた。その後も何度も足を運び、しまいには子どもたちにオートバイまで買ってやった。

シンプソンのコモンウェルスに対する見方は貴重である。彼はレインとその手法に一目置いてはいたが、レインの虜になってしまうほかの見学者たちとは違って、冷静に観察していたからだ。シンプソンは、レインがまったくえこひいきしないことに気づいた。何度かコモンウェルスに通わなければ、どの子がレイン自身の子どもなのかがわからないほどだった。シンプソンは「レインは子どもに会うと顔が輝く」とデイヴィッド・ウィルスに話している。コモンウェルスがもっともよい状態だったのは初期のころで、その後は「レインが働き過ぎだ」とシンプソンは考えていた。

レインとコモンウェルスに刺激を受けて、シンプソンはラグビー校で生徒たちの自治を試みた。それが可能だったのは、校長のデイヴィッド博士もレインを尊敬する一人だったからである。コモンウェルスを訪れた教育者ノーマン・

30　バットクームの村へ続く道。写っているのはレイン夫妻とジョーンズ夫妻

マックマンも、シンプソンを後押しした。（マックマンは戦後、エセックス州のティプツリー・ホールで、心的外傷《トラウマ》を負った孤児にかかわる仕事をしている。）

シンプソンの試みは、彼自身の著書『教育の冒険』（原題：*An Adventure in Education*）と『ある校長の収穫期』（原題：*School-master's Harvest*）に記録されている。対象となったのは、自分の学校の十三歳から十六歳の少年だ。ふだんは行儀がよく真面目に勉強する子どもたちだが、シンプソンの目には「精神が不活発で、哀れなほど社会の慣習の言いなりになっている」と映っていた。ニイルのいう昔のスコットランドの「子どもたち（bairns）[1]」と同じように、彼らも型どおりの人生を歩むように教育されていたのである。

シンプソンは自分の担当する生徒たちに、マックマンが著書『自由教育への道』（原題：*A Path to Freedom in the School*）で提案した自治を応用した。しかし、そこには問題が潜んでいた。とりわけラグビー校のように伝統ある学校にとっては、大きな問題だった。彼は次のように述べている。

「私たちの新たな取り組みによって、一部の授業を競争ではなく共同作業に変えることはできた。しかし、『学習活動』そのものが生徒たち全員の共通の関心になっているようには思えないのだ。」

そこで、「秩序、時間厳守、効率化」という原則が導入されたが、それでうまくいくわけではなかった。

シンプソンの試みについて、レインは次のように助言している。

「『個人の失敗』のために組織全体が困るということにならない限り、あなたの思うようにはいかないで

1　bairn：スコットランドで「子ども」の意。ニイルはスコットランド東部の町フォーファー出身。

しょう。」

レインは、すべての教科において、一人ひとりが到達すべき目標を設定すること、そして全員が目標を達成したら休暇を与えてはどうかと提案した。それまでの形式ばった採点方式を好ましく思っていなかったシンプソンは、レインの考えを積極的に取り入れた。その結果、ことはうまく進み、シンプソンは自分自身おおいに学ぶものがあったと語っている。

「公立教育界でも『自治』を導入すれば、乗り越えられる障害はいくつもあるのだ。その試みがたとえ小さなものであっても、必要のない馬鹿げた慣習をどれほど減らすことができるか、恥ずかしさやためらいを克服できるか、そして誤解されがちな、いわゆる生徒の保守性を変えることができるかを、私は学んだ。」

シンプソンはラグビー校での一風変わった試みを、レンクーム・カレッジでもおこなった。イングランド東部グロスターシャー州の郊外に住む小学生のために、ノエル・ウィルス[2]が中心となって始めた寄宿制の学校である。そこではどの子も三食と衣服が無償で与えられた。つまり、「一般的には裕福な家庭に育った子だけに与えられる特権とチャンス」が受けられたのである。まもなく、学費を払える子どもたちも私立学校から移ってくるようになった。二つの異なるニーズをもった子どもたちが混じったのは、どち

2 Noel Wills（一八八七–一九二七）：イギリスで最初の巨大タバコ生産会社を運営する一家に生まれる。英文学や音楽等の芸術を専門としていたが、次第に教育に関心を向ける。学校の創設を考えているときに妻にプレゼントされたシンプソンの著書に影響を受け、一九二〇年にシンプソンと共にレンクーム・カレッジを設立。男子校として始まった。

31 リトル・コモンウェルスが始まった当初，子どもたちに人気のあった仕事
上：畑をつくるための土地の開墾，中央：話し合いを進める「警官」，下：道づくり

らにとってもいい影響になった。

シンプソンはみずからの試みについて『正気の学校教育』(原題：*Sane Schooling*) に記している。彼はいかなる試みにも、そこには先駆けとなる人物の人柄が表れると考えていた。教育の実践というのは、どちらかといえば科学的というより芸術的だからだ。リトル・コモンウェルスをつくりあげられるのはレインしかいない。それは、彼が取り入れた自治が彼の人柄に合ったものだからである。シンプソンが相手にしていたのは、新しい教育を必要とするごく普通の少年たちだった。その子たちとシンプソン自身に適したやり方を見つけなければならない。もともとシンプソンは、リトル・コモンウェルスで子どもたちがおこなっていたような経済的自立のシステムを取り入れなければ自治は成り立たないと考えていた。「自由すぎる」学校になりはしないかという不安もあった。しかし彼の生徒たちは予想以上にすぐになじみ、その方式のよさを掴み取っていったのである。

レンクームでの自治の中心に置かれたのは全校集会で、年上の子は全員が参加した。シンプソンは目立たないように参加し、ときどき口を挟むだけだった。最終決定権を持っていたのは、わずか七名の評議会だ。シンプソンは、リトル・コモンウェルスの「法廷」を見学したときに、問題によっては全校集会で話し合うよりも、個人的に話をするほうがその子にとってよい結果になることもありうると考えていた。

レンクームでは、授業に出席しないという選択肢はなかった。子どもたちはこれから自分で責任を持って生きていかなければならない。授業をさぼるのは、それまでの積み重ねを無駄にするだけだとシンプソンは生徒たちに話した。それに、彼らの多くがその後の人生のために卒業証明書が必要だった。こうして自分たちの得になるように、シンプソンと少年たちは自治を中心とする生活をつくっていったのである。

11　女の子の成長

第一次世界大戦では多くの者が命を落とした。リトル・コモンウェルスからも、少なくとも九人の少年が陸軍と海軍に召集された。世界中でそうだったように、賢くすぐれた者たちが去っていった。あとに残ったのは、幼かったり身体の弱い少年たちだった。たとえばエドウィン・ダウンのような子だ。ミス・ベイズリーによれば、エドウィンは小柄で、色白で、弱々しく、そして母親離れができていない子だった。一九一六年の第三回年次報告にも、年上の少年たちがいなくなり、残るのは年下で能力の足りない子ばかりで、バランスがよくないと記録されている。

それでも、ものづくりや仕事の監督など、技術や責任を必要とするポジションには男の子がついた。農場ではウシ、ブタ、子ウシ、ヒツジ、ウマの世話をする。荷車を引き、土地を耕し、種をまき、刈り入れをする。生け垣をつくったり、溝を掘ったり、木を切り倒して運び、家を建て、大工仕事をする。女の子の仕事は家事、店のきりもり、洗濯、そして庭仕事に限られていた。

庭仕事のグループに「ミニー」と呼ばれるミリアム・ウォラーがいた。ミス・ベイズリーのことばを借りれば、大柄で、どちらかというと重苦しい暗い表情をした女の子だった。イングランド北東部のハート

32　女の子の裁縫の授業

リプールから、父親と義母が連れてきた。ミニーが「義母が複数の男と関係を持っている」と「根も葉もない話」を言いふらすのだという。到着してしばらくは、寮母のエレンをとても困らせた。しかし、庭仕事を割り当てられてからは、リーダーのシシー・ショーターと何度も口論になりつつも、すぐに落ち着いた。

刈り入れのときには、レインはミニーに手伝わせた。残っていたどの男の子よりも身体が大きくて力があったからだ。ミス・ベイズリーは次のように書き残している。

「農場で黙々と、きっちりと片づける作業は、ミニーにはこの上なく効果があった。衝動的に動いてしまう子なのだが、一定の速さで動き続ける機械に、自分の動きを合わせなければならない。そうしなければ、仕事のミスがすぐにバレてしまうのだ。」

肉体労働はミニーに合っていた。男の子とボクシングやレスリングができるくらい力があったからだ。のちに寮母になったが、これはうまくはいかなかった。エネルギーを発散する機会が少なく、それでいて他人とぶつかる機会がとても多い仕事だったからだ。

最初にロンドンのデットフォードからやってきた三人のうち、エレン・スタンリーとメアリー・ダービシャーは、本来の滞在期間を終えるとリトル・コモンウェルスの職員になった。リジー・マーデンも同様であった。リジーも盗みをはたらいて、ウェスト・ハートリプールからやってきた子だ。母親がたびたび不在で、家のことを任されているうちに、手に負えないほどわがままでいい加減な行動をするようになってしまったという。しかしこの三人は、この上なくすてきな寮母になったのである。メアリーは「温かくて、人の気持ちがわかり、やさしい」と絶賛されたし、リジーはミス・ベイズリーが「ピーターパン」に出てくるウェンディにたとえたほどだった。しっかり者で、担当する少年たちをうまく扱ったからだ。ときにはリジーは仕事ですっかり疲れ果てることもあった。一九一七年七月、ミス・ベイズリーは次のように記録している。

「リトル・コモンウェルスでの仕事は疲れて当然である。都会の子どもたちがとつぜん田舎にきて、寂しいのに無理をしているのだから。そのことに気づかない限り、ここでの仕事は楽ではない。実際、田舎の生活になじめる子は多くはない。地平線が見えるほど広々とした場所にいるのに、のびのびと生活できないのだ。都会の下町では目の前のことだけ気にして、そして人ごみの中で自分のことだけ考えていればよかったのだから。こういった子どもたちの心の疲労は、リトル・コモンウェルスの発展の妨げにもなっている。その一番の原因は、人数の少なさだろう。」

リトル・コモンウェルスの規模がもっと大きければ、状況は違ったかもしれない。実際、モンタギューは大きくすることを考えていたのだが、戦争が起きたために断念した。そのため、子どもたちの生活にはあまり変化がなかった。プライバシーがなく落ち着けない、うわさ話が飛び交う都会の生活習慣から、なかなか抜けられなかったのだ。ミス・ベイズリーは書き記している。

「少人数の中で、考えが浅い子どもたちは、危なっかしいうわさ話に異常なほどに飛びつき、暴力的な言動をとるようになる。そして集団の中で自分を守るために悪口をいうのだ。」

田舎の生活にもっともなじんだのはエレン・スタンリーと、農業に熱心だった少年たちだった。そしてもう一人、新しい生活に溶け込んだのが、レインがかつて「茂みの中のもっとも鋭いトゲ」と例えたエセル・ムーアだった。

エセルがやってきたのは一九一四年、犯罪を犯したわけではなく、まわりの好ましくない環境から遠ざけるためだった。母親は、役所から子どもを全員手放すように通達されるような人物で、エセルの妹のジーンものちにリトル・コモンウェルスに送られた。エセルは一九一六年四月一日に帰ることを許されたが、家には帰らずに手伝いとして残り、店員、クリーニングの店長、そして一九一七年八月からは事務の仕事をした。そのうち、あらゆる事務職だけでなく経理も任され、彼女の細かい丁寧な字は今も帳簿に残っている。物語に登場する郵便局長のように、エセルはどこにでも出入りが認められ、あらゆる情報を知っていて、届いた手紙を開封することもできたのだった。滞在期間を終えた少女たちは、コモンウェルスでの重要な仕事を楽しんでこなし、貴重な存在となっていったが、中でもエセルは格別だった。

そのほかの、それほど能力の高くない少女たちは、仕事を次々と変え、寮を移る回数も多かった。そこに先に住んでいた子どもたちが受け入れてくれれば、寮を変わることは許されていた。とりわけ人間関係がうまくいかないような場合には、これはいいシステムだった。しかし、コモンウェルスを出たあとには、

33「ショップ」で働くアニー・スコット（左）

雇い主とトラブルになる原因にもなった。

さいわい、コモンウェルスの役員たちは、子どもたちをその後も見守り続けてくれた。ロンドンのポートマンスクエア八番地にあるモンタギューの邸宅には、かつてコモンウェルスにいた人たちのためのクラブが設立された。そこではミス・カーターという女性が、根気強く子どもたちの面倒を見てくれた。

一九一五年、モンタギューはレインに一通の手紙を送った。そこにはコモンウェルスを去ったアニー・スコットが、社会の中で落ちつけないようだと書かれていた。

「私には、女の子たちが社会に出るのを甘く考えているように思えます。コモンウェルスで育てようとしている自立心が、実際に社会で暮らしていくのに役立つのか、もう一度話し合われるべきではないでしょうか。この傾向は、男の子よりも女の子に顕著に表れていると思われます。子どもたちが安定するまでの時間が、コモンウェルスでは足りないのかもしれません。コモンウェルスで次々と仕事を変えられるという点についても、考え直すべきだと思います。」

アニー・スコットは二年の間に仕事を何度も変えた。びんの製造工場は仕事が荒々しいから、肉屋は主人がアルコール中毒だからという理由で辞め、その次は革工場で働いた。その後、レゲット夫人のもとで家政婦として、年に十六ポンドと洋服二着という報酬で働いた。しかしその仕事も、酒飲みの父親と暮らしている弟と妹が心配だからという理由でとつぜんに辞めた。(やはりコモンウェルス出身のエリザ・バトラーが仕事を引き継ぎ、アニーよりうまく働いた。)この間、アルバータ・モンタギューがアニーをサポートし続けた。その後アニーはしょうこう熱が原因で重い病気にかかった。回復すると別の革工場で週十七シリングで働いた。そして、ある兵士と婚約し、ロンドン南東部ウリッジの軍需工場に勤めた。それ以降、アニーがどうなったかはわからない。

リトル・コモンウェルスの支援者だったマージソン夫人とその娘も、レゲット夫人と似た経験をしている。家事手伝いに女の子を一人引き取ったが、掃除や料理を要領よくこなす術が身についていない。「やる気だけはあるのですが、それだけです」と書き送っている。

コモンウェルスの最初の子どもの一人だったヴェラ・クークも、なかなか落ち着かなかった。アルバータ・モンタギューがレインに宛てた手紙には、ヴェラがロンドンのガメッジ・デパートを辞めたことが書かれている。しかも、それは初めてのことではなかった。モンタギューはあらたに工場の仕事を紹介してやった。ヴェラの兄が軍隊に行ってしまい、彼女は義理の姉と暮らすことになり、働かなければならなかったからだ。モンタギューの手紙からは、彼女を気づかっていたことがわかる。

「ヴェラがとても気の毒です。彼女に会ったとき、すべてがうまくいっていないように見えました。やつれてこわばった顔をしていて、まさに望みがないようでした。」

そもそもヴェラは、リトル・コモンウェルスに送られるべきではなかったかもしれない。精神的に問題があると診断されていたからだ。残念なことに、あるとき寄付金を集めて持ち逃げした罪で二ヵ月、刑務所に入れられた。その後、ロンドンのハイゲートにある保護施設エリザベス・フライ・ホームに移されたが、その後のことはわからない。

ヴェラの例は特別だとしても、アニー・スコットやそのほかの多くの少女たちは、なかなか社会になじめなかった。リトル・コモンウェルスでは一人ひとりが大切にされ、身のまわりの物や食べ物の面倒を見てもらえた。少女たちは外の世界でも同じだと思っていたのだが、もちろんそうはいかない。

コモンウェルスでの仕事は、家庭内での家事のようなものだったが、ロンドンでの仕事は、まるで地位の低い女中のようだった。この差は、男の子よりも女の子に大きく影響しただろう。当時、労働者階級の女性の仕事は種類が少なく、多くが過酷で低賃金だったからだ。男性のほうが、少なくとも仕事の幅は広かった。戦争が始まると、交通関係、役場、軍需など、女性が働く場は増えた。しかし、リトル・コモンウェルスを出た少女たちは、昔ながらの家事仕事に就くことが多かった。コモンウェルスに理解を示すご婦人方がいたため、そういった家に送られることが多かったからだろう。たとえばマージソン夫人はコモンウェルスの役員だったし、レゲット夫人は寮を建てる際に資金援助をしている。

少女たちの中には、子守の仕事を任される者もいた。レインや役員会のメンバーは、少女たちの母性本能を信じ続けた。エレン・スタンリーとメアリー・ダービシャーは、イザベル・マージソン女史のもとで、子どもの面倒を見る仕事を楽しんだ。しかしほかの少女たちは、そういった仕事にあまり興味がもてないか、まったく向かない場合もあった。

ミス・ベイズリーは、コモンウェルスの役員たちが結果を出すのを急ぎすぎていると考えていた。子どもたちがやり直すには、収容されていた期間よりもずっと長い時間がかかるのだ。彼女たちは、まだ準備が整わないうちに、社会に戻されたのかもしれない。

リトル・コモンウェルスでは、学習の機会も限られていた。実用的な技術を身につけることが重視されていたからだ。子どもたちはコモンウェルスに来るときに、ビネー＝シモン式の知能検査[1]をうけた。三〇の質問に答えると、実年齢ではなく精神年齢で評価される。この検査によって、それぞれの子どもにどの程度の勉強が必要かがわかるはずだった。レイン自身は高学歴で、おそらく十分に知的だったはずなのだが、学校教育をあまり評価していなかった。ジェーン・バードのように読み書きができない子どももいたが、その状況をどうするでもなく、「きちんとした学校教育をするのに必要な教材がそろっていない」というだけだった。

ただ一人、リジー・マーデンは昼間に勉強をさせてもらっていた。一九一五年から翌年にかけて、レインの二人の娘と共にシャーボーンにある聖心会の修道院に、その後はウェイマスのハイスクールに通った。担当のソーシャルワーカーによると、リジーが知的におくれている原因は家庭にあった。実際、母親が家へお金を送るようにと頼んできたため、リジーは学校をやめて夜間クラスに入った。そうすることで、家に仕送りができるからだ。

1　フランスの心理学者 Alfred Binet と Theodore Simon によって一九〇五年に考案された知能検査。三歳から十三歳の子どもが対象。その後の知能検査の基盤になっている。

リトル・コモンウェルスに来ることが認められたのは、たいていは知的能力の高い子どもだった。自治生活から多くを学ぶだろうと考えられたからだ。その期待に早々と応えたのがアニー・スコットだった。仲のいいエレンとメアリーと共に、知的能力の高さが理由で、コモンウェルスに来ることが認められた。そしてもう一人、本人にその気さえあれば、もっと勉強できたであろう少女がいた。それがベラ・グリフィンである。

12　子どもの可能性を信じようとしたレイン

チャーリー・チャップリンに月の光が輝く
ヒビだらけのブーツを磨け
ダボダボのズボンを繕い直せ
やつをダーダネルスの戦場へ送る前に

（第一次世界大戦の歌[1]）

ベラ（ロザベラ）・グリフィンは一九一六年六月に、両親によってリトル・コモンウェルスに入れられた。十六歳だった。夜になっても家に戻らず、ロンドンのウォルワス通りで「そういった子たちがよくや

1　第一次世界大戦でチャップリンが軍隊に志願しなかったことに多くの批判があった。それに便乗して作られた歌が *The Moon Shines Bright on Charlie Chaplin*（一九一八）。ダーダネルス海峡は、一九一五年にイギリスを含む連合軍がオスマン軍に敗れた戦地。

るさまざまな不良行為」をして、親の手に負えない子どもだった。オールドゲートで革縫いの仕事をしていたが、姉のブーツを盗んで訴えられ、コモンウォルスで二年を過ごすことになった。両親は協力的だった。ミス・ベイズリーによると、背が高く、しとやかで、抜け目がなく、冷淡なところのある子どもだった。子どもたちは彼女を「チャーリー」と呼んだ。チャーリー・チャップリンの真似がとてもうまかったからだ。

ものまねがうまいだけでなく、ダンスは踊れるし、イースト・エンドの音楽ホールで歌われる歯切れのいい歌やセンチメンタルな歌もうまかった。多才なベラは、勉強よりも楽しいことが好きな子どもたちに人気だった。その年齢の子どもによく見られるように、いうことをきかず、無責任で、けんかっ早く、あらゆる反抗のリーダー的存在になっていった。

ある晩、ベラはホーマー・レインと衝突した。おばけのように白い布をかぶって、年下の子ども二人を起こしたからだ。二人が怖がって大騒ぎしたため、レインがしかたなく介入したのだった。ミス・ベイズリーによると、ベラは「じつに信じられないような」ユーモアのセンスを持っていたが、レインに冗談は通じなかった。彼はチャップリンにも関心がなかった。しかし、実はチャップリンはベラと同じようにウォルワスの出身で、子ども時代はとても貧しく、ロンドンのランベス地区にある救貧院でずっとするような環境の中で過ごした経歴がある。（彼は犯罪を犯さずとも、なんとかそこから出られたのだが。）「チャーロット」と呼ばれた独特の歩き方でドタバタ劇をくりひろげるその裏に苦難があったことを、レインは知らなかったようだ。

おそらくベラは、何もすることがない田舎のくらしが退屈だったのだろう。ウォルワスの悪影響から離すためにコモンウェルスに送られたのだが、彼女にはイースト・エンドの街の生活のほうが性に合っていた。チャンスさえあれば、すばらしい役者になれたかもしれない。じめじめして霧がかった田舎で、人数も少なく映画館も店もない生活は、刺激がなくてつまらなかったに違いない。

そんなベラの心を満たすために、レインは責任の伴う役割を与えた。一九一七年六月、彼女はヴェロニカ寮の寮母になった。のちにレインは次のように説明している。

「彼女に、自分が担当している寮の子どもたちによい影響を与えることができるということを、はっきりわかってもらいたかったのです。彼女を抑え

34　ロンドンのランベス地区の救貧院。リトル・コモンウェルスに来る以前に，このようなぞっとする環境で過ごした経験のある子は１人や２人ではない

つけるだけでは、コモンウェルスの雰囲気はいつまでも変わらなかったでしょう。」

しかし、レインの計画どおりにはいかなかった。はじめのうちは、ベラは理想的な寮母だった。寮にはしみ一つなく、ストーブや床はぴかぴかに磨かれた。そんな完璧な状態を、ベラは続けることができなかった。ミス・ベイズリーは彼女の粘り強さとけんか好きについて、次のように述べている。

「彼女は、まさに寮母に必要な素質を持っていた。しかしトラブルが絶えず、寮の住人たちをがっかりさせることになってしまった。」

子どもたちは、ベラを寮の仕事から外してほしいと訴えた。レインが取り合わないでいると、彼らは断食をして訴えを続けた。ベラは庭仕事に移され、問題を起こす回数はますます増えた。レインは彼女を過大評価しすぎたのだ。

問題が起きると、いつもそこにはベラがいた。彼女はいつでも、不満を訴える子どもの味方をした。まさに、人をあおるのが上手な、根っからの街のお騒がせ人だったのだ。ふだんはどのような問題を起こす子どもにも忍耐強く、やさしく接するミス・ベイズリーでさえ、ベラに好意は持てなかった。しかし、レインはいつものように、最後まで彼女のよさを信じていた。

「外見こそ荒れているが、根はやさしい子なのだ。失敗にも寛大で、仲のよい友だちには非常に誠実だ。それに、われわれ大人と衝突する子どもたちに、いつでも思いやりを持っている子である。」

しかしその後、そんなことなどいっていられない状況が起きた。レインはベラについて、まったく別の評価をすることになるのである。

13　内務省による異例の評価

一九一七年一月二六日、レインのもとに、内務省から一通の手紙が届いた。少年院と救護院を管轄する部署からだった。

「親愛なるホーマー・レイン殿

先日のリトル・コモンウェルスへの訪問、そしてあなたとの長い話が私にとってどれほど意味があったかをお伝えしたくて筆をとりました。

すべての点においてあなたと同意見というわけではありませんが（そして、そうあるべきではないとも思いますが）、あなたがおこなっている実践は非常に意義深いと思います。とりわけ、子どもたちの様子には驚きました。不要なものが取り除かれ、必要なものが身についているのがわかります。別のことばでいうと、子どもたちから悪を取り除き、善を教えていることがわかります。したがって、リトル・コモンウェルスを定員四五名の少年院と認めるように、国務大臣に推薦いたします。

チャールズ・E・B・ラッセル」

チャールズ・ラッセルは、そこらの形式的な役人とは違っていた。一八九二年からマンチェスターのボーイズ・クラブ[1]の代表をつとめ、そこの少年たちについて書き留めたメモがのちに出版されている[2]。彼は内務省に置かれている「少年院と教護院を管轄する部署」の役員でもあった。一九一三年から視察官の職に就いたが、それまでの経験と独自の考えから、きわめて異例な視察官だったといえる。

そんな事情を差し引いても、ラッセルからコモンウェルスに届いた手紙は異例の内容だった。内務省は急進的な考えに好意的でなかったからだ。思春期の子どもたちに深くかかわる場合はなおさらである。しかも、男女の距離が近いうえに、一般的な規則もない。レインの説得力のある「長い話」が、またしても不可能を可能にしたのである。リトル・コモンウェルスの実践が評価されたのは喜ばしかった。さらなる資金集めの見通しも立った。

しかし、戦争が長引くにつれ、コモンウェルスへの出資は減った。活動内容が戦争とは関係ないからだ。資金のいくらかは名付け親たち（godparents）が工面してくれた。名付け親は子どもが必要とする費用を支援し、定期的に子どもの様子がわかる報告書を受け取ることになっていた。しかし、それでも資金は足

1　boys' club：スポーツやゲームなどをおこなう、少年たちのためのクラブ。社会性を育むことを目的とする場合が多い。身体的、知的、心的に問題を抱える子どもたちを対象とするクラブも多い。現在は、boys and girls club と改称しているところが多い。
2　Charles E.B.Russell : *Manchester Boys: Sketches of Manchester Lads at Work and Play*, Manchester University Press,1905.

りなかった。

新たに四五人の子どもがふえれば、リトル・コモンウェルスがめざしていた一〇〇人という定員に達する可能性があった。しかし、実際にはその数字に届くことはなかった。コモンウェルスの五年の歴史の間に受け入れられた子どもの数は九四人のみで、しかもその数字には、知的に高くなかったり、この施設には向いていないという理由で、すぐに辞めさせられた子どもたちも含まれている。

一九一七年の六月以降、内務省の推薦で十九人の子どもが来たが、その多くが少年院などの施設からで、救いようのない状態の子どもたちだった。そのような、特に大変な子どもたちが全体の半分を占めることになり、それまで安定していたコモンウェルスを揺るがすこととなった。初期の子どもたちは、理解ある判事からよくなる見込みがあると判断されてやってきたが、あとから十分に考慮もされずに来た子どもたちは、コモンウェルス以外に行き先がなかったのだろう。

レインはいつものように、この状況を前向きに受け入れた。一九一八年四月一日、今ではサンドウィッチ伯爵となったモンタギューに次のように宛てている。

「内務省からは、特別に大変な子どもたちが送られてきます。ほかの施設から見放された子たちです。ひとたび私たちの学校に来ると、彼らは自分を大きく見せようと振る舞うのです。」

モンタギューはのちに、彼らは確かに、ほかの施設では扱うことができないほどの子どもだったと認めている。彼もレインと同じように、そういった大変な子どもたちは抱えている問題が深いだけであって、性格の問題ではないと考えていた。

イングランド東部イプスウィッチの少年院から来たローラ・グリーンについて、一九一七年一〇月三〇日、レインは内務省に報告している。彼女はリトル・コモンウェルスで生活するには知的能力が足りず、特別に扱わなくてはならなかった。自己コントロールがうまくできず、毎日のように、ときには服もろくに着ないまま脱走した。しかし遠くに行ってしまうことはなく、フラムトンやマイデン・ニュートン、シャーボーンなど、近くの町で見つかった。それはあたかも追いかけてほしいかのようだった。それほどローラの抱える問題は深かったのだが、レインは彼女にうまく寄り添った。翌年の三月には、彼女の精神的な不安定さはなくなり、気立てのいい素直な子になったとレインは語っている。

アセナ・オリバーも内務省の計らいで、一九一七年にイングランド南東部コベントリーの教護院から送られてきた。彼女は十四歳にしてすでに六年間も施設を転々としており、「特別に難しい子ども」だと考えられていた。それ以前は救貧院で暮らしており、両親について知っている者はだれ一人いなかった。放浪者と物乞いを足したような子どもだといわれたが、そんなみじめな境遇で育ったにもかかわらず、「小柄で、元気で、強く、明るい子ども」だった。読書が大好きで、そして彼女自身も一冊の本になりうる子どもだった。

ある日、アセナはイングランド中部ウォリック州の町レミントン・スパで、一軒の家に忍び込んだ。食卓の下に隠れ、何も知らない住人たちが夕食を終えるのを待った。全員が寝静まると、家中のあらゆるものを盗み、それから台所で卵をゆでて食べ、さらに持ち帰るために食べ物を包んだ。そして服を見つけて着替え、自分の服はその場に脱ぎ捨てた。高価なビロードのコートも、自分が着られるサイズに切った。（この種の行動については、イギリスの心理学者シリル・バートの一九二五年の著書『非行青少年』（原題：*The Young Delinquent*）に書かれている[3]。「非行少年の多くは、恐怖心が大きいのではなく、恐怖を感じなさすぎる。彼らは向こう見ずで冒険好きだが、知性や想像力に乏しい。そのため文字通り『無鉄砲』になってしまうのだ。」）

アセナの盗み癖はコモンウェルスでも続き、それは断続的に繰り返されるだろうといわれていた。J・H・シンプソンの観察によると、子どもによる盗みはどの学校でも起きることで、家庭が裕福か貧しいかには関係がない。「もっと深い問題の典型的な表れ」である。アセナの場合は間違いなく愛情の欠如が原因だったが、コモンウェルスを振り回したい意図もあった。盗み癖を除けば、そしてよく行方不明になる以外は、問題のない子どもだった。男女を問わず、逃亡は内務省から送られる子どもによく見られる傾向だった。しかし最終的に大きな問題を起こしたのは、そういった手のかかる子どもではなく、もっとも長くコモンウェルスにいた少女たちだった。

リトル・コモンウェルスが変わっていくのは目に見えていた。レインの計画も、少なくとも公にされたものを見る限りでは、変わっていった。もともと彼はリトル・コモンウェルスを長期にわたって滞在できる場にするつもりはなく、描いていたのはフォード・リパブリックのように、子どもたちが一時的に過ごす場所だった。季刊誌『刑罰改革』の一九一四年一月号に掲載された彼の記事を読むと、子どもたちには三年という収容期間のすべてをコモンウェルスで過ごしてほしいわけではない、と書かれている。

3　Cyril Burt（一八八三―一九七一）：イギリスの心理学者。オックスフォード、ケンブリッジ、ロンドンなどで教鞭をとり、青少年の知能検査と適性検査について理論と実践に貢献した。

「コモンウェルスは間違いなく居心地がいいだろう。滞在が長くなるほど、子どもたちはここの生活に依存してしまう。そうなると、その後の生活がつらくなるだけだ。」

しかし一九一七年には、リトル・コモンウェルスは、ミス・ベイズリーのことばを借りれば「辺境の農場」と呼べるほど、農業が中心となっていた。そのころレインがめざしていたのは、物質的と社会的、その両方の自給自足だった。

戦争による物不足が深刻になるにつれて、コモンウェルスの農場はこの上なく貴重になった。一九一七年には、ホワイトウェイ・ボトムと呼ばれた耕地とウィディー・ベッドという名の森以外は、敷地のすべてが牧草地になっていた。同じ年、非常事態に備えて十一頭のウシが加わった。ショートホーン種とデヴォン種の二種類で、「リトル・カウ、キッカー、ニューマン、ストロベリー、ローズ、ハニー、クランペット、デイジー、チェリー、クレッシー」といった名前がつけられた。

畑も同じように重要だったが、ミス・ベイズリーがいうには、いつも同じように作物が収穫できるとは限らなかった。

「もっとも広くて作物がよく育つ畑を仕切っていたのは、ある女の子だった。農作業をするのもすべて女の子である。もともとは男の子が耕して柵を立てたのだが、戦争が始まってからは女の子が作業をするようになり、上手に畑を作った。私たちの食糧の大半は、この畑で採れたものだ。ここ一年半で肉がほとんど手に入らなくなったので、食事はほとんどが野菜である。収穫した野菜で多少の現金も入った。終戦が近づくころには、私たちの畑で採れるタマネギが重宝された。しかし、コモンウェルスのほかの活動と同じように、収穫量を予測するのは難しい。豊作を期待していても、一日か二日だけ世話を忘れて、作物が台無しになることもあったからだ。」

ときには、よかれと思ったことが思いがけない結果をもたらすこともあった。畑の監督を任されていたシシー・ショーターは、園芸雑誌でインゲンマメにつく害虫を駆除する方法を読んだ。パラフィンを薄めた乳濁液をマメに吹きつけるべきところ、「乳濁液」の意味がわからなかったために、パラフィンの原液をバケツいっぱいマメの苗にかけてしまったのである。結果は、レインがいうには、「きれいな石油の色をした浮きかすが地面に広がっていて、マメは完全に見えなくなっていた」。

柵が開けっ放しだったり、道具が雨の中に忘れられて錆びついたり、子どもたちがやりそうな数々の失敗にめげることなく、レインはほとんど一人で牧場をきりもりした。片腕になってくれる少年ラッセル・ブラントはいたが、ほかの少年たちはあまり役には立たなかった。

レインはスイスの教育実践家ハインリッヒ・ペスタロッチ（一七四六—一八二七）の考えにも大きく影響を受けている。ペスタロッチは社会性の発達を重視し、そのため学校での生活や活動は家庭のようであるべきだと信じていた人である。もしかするとレインはみずからの経験から、できのいい男の子と女の子の中にカップルが生まれ、いずれ結婚して家を建て、家族を持ち、そしてコモンウェルスになくてはならない人材として働いてくれることを望んでいたのかもしれない。

コモンウェルスの建物は、一つの村のようによく考えて建てられていた。実際、レイン自身も妻と四人の子どもを一緒に住まわせている。長男のレイモンドはシャーボーンの学校に通っていたが、休暇になると戻ってきてコモンウェルスを手伝った。あとの三人はリトル・コモンウェルスで育ち、一番下の息子アランは農家になる道を選んだ。しかし、リトル・コモンウェルスで家庭的な環境をつくるには、足りない点が一つあった。それはレインが、子どもとその親の関係がどれほど深刻なのか、子どもたちのホームシックはどの程度なのか、そして、どれほどきょうだいを心配しているかなど、子どもとその家族の関係を、あまり深刻にとらえていなかったことである。

いずれにせよ、戦争が始まると、新しい「家族」がふえる望みはなくなった。元気な子どもたちがいるにはいたが、組織全体が傾き始め、一九一七年には存続が危ぶまれた。安い給料で働いていただけでなく、レインに好意的だったミス・ベイズリーを除いては、協力的な職員はいなかった。ジョーンズ夫妻もたびたびレインの提案に真っ向から反対した。

それまでの何年かのうちに雰囲気が変わり始めていたことに、レイン自身も気づいていた。初期のころは「法廷」もうまく機能し、たまにレインが少し干渉することはあったが、それでも自治が成立していた。しかし子どもの数が減ったために、集会の質は落ちた。主な罰だった、行動範囲を制限する「ビッグ・バウンズ」と「クローズ・バウンズ」は、一九一五年三月に二度の話し合いで内容が見直されたが、そもそも仕事のこと以外は話をしてはいけない「クローズ・バウンズ」が理想通りに機能したことは一度もなかった。結果的に子どもを孤立させ傷つけてしまい、コモンウェルスのめざす姿に反していたからだ。子どもを抑制するには罰金のほうがより効果的ではあったが、支払えない者には別の罰が与えられた。

レインは、子どもたちの仕事が減ったことも気にしていた。経済支援が少なくなったため、建設作業を続けることができなくなったのである。子どもたちの士気を高めるために、レインはいくつかの方法をとった。まず、コモンウェルスに見習い教師のグループを置くことを、一九一六年四月にモンタギューに提案している。レインの考えを広めるのと、それまで十分とはいえなかった授業の面を埋めるのが目的だった。

さらに、同じ年の五月二六日と一〇月二七日の二度にわたって、コモンウェルスに「少年院法」を適用するという究極の方法をとった。これは内務省の法律に従ってコモンウェルスを運営するということであり、つまり子どもたちは共同生活を営むのではなく、すみずみまで監視が行き届いた収容者として扱われるのである。国が決めた規則に従うよりも、コモンウェルスの体制のほうがどれほどいいかを子どもたちにわからせるために実施され、その後しばらくは効果があった。しかし、それも長くは続かなかった。コモンウェルス全体を揺るがすできごとが起きたのである。

14　子どもたちの恋愛とレインの対応

リトル・コモンウェルスを始めるまで、レインは女の子を相手に働いたことがなかった。やんちゃな少年たちの相手が得意なのはだれの目にも明らかだった。悪ふざけの仲間入りをして、逆に場をしらけさせるのが彼のやり方だ。少年たちは、レインが自分たちではかなわない相手だとわかっていた。しかし、女の子はそうはいかなかった。

レインにはコーラとポリーという二人の娘がいた。妹のポリーは学校が休みのときはよくリトル・コモンウェルスにいた。しかし、レインと一緒に過ごすことは少なかったと思われる。レインはたくさんの子どもたちの「お父さん」だったため、自分自身の子どもと過ごす時間はあまりなかっただろう。しかも皮肉なことに、コモンウェルスが家族のような形をとっていたために、レインの実の家族は普通の家族のように暮らせなかった。レインと妻のメーベルが、別の寮を担当していたからだ。

コモンウェルスで過ごすうちに、少女たちは若い女性へと成長し、自然な流れで少年たちとつきあうようになった。レインは、近い距離で生活すれば、男女の問題はそれほど起きないと信じていた。たしかに幼いころから一緒に生活していればそうかもしれない。しかしコモンウェルスの子どもたちは、一〇代なかばで出会うのだ。昼間は男女に分けられて仕事をしたが、夜はそのようにはいかない。

自由時間をどう過ごすかは子どもたち自身が決めるため、自分の部屋で勉強したり本を読んだりする子もいたが、多くは談話室に集まった。その場の世話をしていたのはベス・ジョーンズだった。ベスの夫は子どもたちにマンガを読み聞かせ、それはとても人気だった。もっとも、レインはチャップリンが嫌いなのと同じようにマンガも嫌っていた。生真面目な人物だったのだ。モンテッソーリ部のバートラム・ホーカーにいわせると、レインはずば抜けたユーモアのセンスを持っていたが、それは静かでクールな種類のユーモアだった。

談話室は学習に使われることはなく、ダンスやゲームで騒がしかった。そしてダンスを踊るうちにカップルが生まれた。その中で注意すべき子どもの名前を、レインはまるで木にカップルの名前を刻むかのように書き留めている。

エレンとロバート・ブリューワー

エセルとビル・ポッツ

ベラとジョージ・ゴールド

ミニーとアルフレッド・カー

一〇代の彼ら彼女らの振る舞いは十分に予測できるものだったが、レインにとっては思いもしない気にくわないできごとだったようである。彼自身の若かりしころと違いすぎたのかもしれない。そこでカップルたちの気をそらすために、授業にモリス・ダンス[1]とフォークダンスを取り入れた。それらは、しばらくは子どもたちに人気の授業となった。

ダンスの指導者としてやってきたのは、メアリー・ニールの仲間である。メアリー・ニールは、コモンウェルスの支援者であるエメリン・ペシック[2]と共に、エスペランス・ガールズ・クラブを設立した人物である。ロンドンで働く若い女性たちに、芝居やダンスを教えるためのクラブである。二人は「希望の家」という仕立て屋も経営し、類をみない好条件で少女たちを雇った。ペシックがフレッド・ローレンスに嫁

35　メアリー・ニール

1　Morris Dance：十五世紀ごろからイギリスの農村部で踊られている、主に豊穣を祈る庶民のダンス。白い衣装で脚に鈴をつけて踊ることが多い。一時は廃れかけたが、その復興に力をそそいだのがセシル・シャープだった。

2　Emmeline Pethick-Lawrence（一八六七–一九五四）：イギリスの女性人権活動家。

ぐと、代わりにハーバート・マキルウェインがニールを手伝った。彼はセシル・シャープとの共著『モリス・ブック』（原題：*The Morris Book*）の中で、ダンスの動きを書き記す担当だった。エスペランス・ガールズ・クラブでモリス・ダンスの踊り手から指導を受けた生徒を観察し、その動きを書き写した。メアリー・ニールは常に原点に戻ることにこだわった。数年の間、民俗舞踊復興運動の重要人物として活動し、その運動は大流行となった。

そんなわけで、子どもたちはすばらしいダンスの指導を受けた。しかしアメリカ人のレインは、カッコウの巣や、妻を寝取られた男、狂ったメイド、娼婦といったタイトルのついたモリス・ダンスがどのようなものかを知らなかった。子どもたちはダンスを楽しんだかもしれないが、それは恋愛を忘れるほどのものではなかったのだ。ダンスに飽きると、以前のカップルの状態に戻ってしまった。その先頭にいたのが、ベラだった。

レインはもう一つの傾向にも気づいていた。子どもたちが、ハンカチ落としや「陽気な粉屋」[3]、ウインクキラーといった幼いあそびを延々と続けるのである。しかしレインはこれには驚かなかっただろう。幼児がえりは、抑制されていた人がとつぜん自由になると、よく見られる傾向だからだ。このことについては、心理学者シリル・バートがF・ラッセル・ホアの施設を訪問して、著書『非行青少年』に次のよう

3　「陽気な粉屋」（The Jolly Miller）：イギリスやアメリカで広く知られている童謡。子どもたちが円になって歌いながら歩き、輪の中にいるオニ（Miller）が、歌の最後の単語「つかまえろ（grab）」で一人の子をつかまえる。「ロンドン橋」やイスとりゲームのように、小さい子がよくするあそび。

36　「古きよきイギリスをもう一度」※（バーナード・パートリッジ画）。週刊雑誌「パンチ」の1907年11月13日号に掲載された風刺画。モリス・ダンスを踊る人々が描かれている

※「古きよきイギリス」とは，産業革命以前の暮らしをさす言い方。歌や踊りにあふれる，のんびりとした田舎の生活を意味する。

に記している。

「屋根裏や地下室でかくれんぼをしたり、新聞紙のヘルメットと木の剣を持って行進したり、庭に盗賊の抜け穴を掘ったりする。そんな六歳の子どもがするようなあそびを、十六歳やそれ以上の成長した若者が集団で熱中する。これほど痛ましい光景はない。」

多くは、幼少期に場所がないために遊べなかった子どもたちである。たとえばロンドンのデットフォードでは、空き地は地域のわずか二パーセントだった。

レインは夜は談話室を閉鎖することにした。よい方法ではないと認めながらも、徹底した。ベス・ジョーンズは、レインが「夜は勉強しなさい」という興ざめな人だと理解し、この件で一九一六年から翌年にかけて二度も仕事を辞めている。彼女は以前にもレインと衝突していた。二人の考えは明らかに違った。レインは彼女の夫とも口論になった。しかし、レインはなお、女の子と男の子が近づきすぎることに反対し続けた。

「コモンウェルスでは日ごろから異性への気遣いがなされており、その関係を信頼している。しかし、このままではそれを揺るがす事態になるのではないかと危惧している。」

このようにして子どもたちの関係に口を出すのはほめられたことではなく、当人たちの反感を買うようになった。異性間の関係が、どれほどまでのものだったかはわからない。一部の少女たちは街での素行が問題でコモンウェルスに来ていたし、ミニーにいたっては、以前にある兵士と性行為の経験があるのではとレインは考えていた。シシー・ショーターは、ミニーはアルフレッド・カーとなら「何でもやりかねない」と断言していた。もっともミニーとシシーは口げんかの相手として有名だったのだが。ミニーは、アルフレッドを気の毒に思うのだと話しており、レインの干渉には腹を立てていた。(ちなみに、リトル・コモンウェルスでは妊娠についての記録はない。)

一九一六年から翌年にかけて口論が頻繁に起こり、その極めつけの行動をおこしたのがベラだった。レインとエレン、メアリーの関係に巧みにくさびを打ち、とうとうエレンとメアリーはコモンウェルスを去ることになった。また三人の仲間と組んで、シシーのもとで庭仕事をするのを拒んだ。彼女は口が悪いから、というのが理由である。中でも、シシーがエセル・ムーアの一〇歳の妹ジーンの前で悪態をついたといって、強く抗議した。年下の子どもを話に巻き込んだことにレインは腹を立て、四人を仕事からはずした。

この些細なできごとが、のちに大きな事態を招くことになる。ベラはその後、悪友の一人であるアイリス・マッキントッシュをそそのかし、「レインに辱められて大変困っている」という内容の手紙を母親に宛てて書かせた。アイリスは「窃盗癖」があるとして一九一七年に送られてきた子だ。気性が荒く、けんか好きな子としてコモンウェルスの新たな問題の種だった。ベラは自分の両親にも、レインが「みだらな人」で、友だちのアイリスの母親がこの件については確認してくれるだろう、と書き送った。ベラは両親に、自分をリトル・コモンウェルスから連れ出してほしかったのである。

ベラの計画どおりにアイリスの母親は現れ、高圧的でヒステリックに振る舞った。作業時間中にもかかわらず、娘とベラ、そしてバーサ・コーエンを散歩に連れ出し、わざと「法廷」にも参加させなかった。そして娘がこきつかわれているとの理由で、連れて帰ると訴えた。母親にはその権利があるため、レインはアイリスを引きとめなかった。

ベラはエセル・ムーアも巻き込んだ。エセルもビル・ポッツとの関係をレインにからかわれ、腹を立てていた。神経質で真面目な性格で、批判されるのを嫌がる子だった。ベラがエセルを見方につけたのは成功だった。存在感があり、多くの子に慕われていたからだ。

レインはたいてい、まずは直感で動いて、あとから論理的に考える人だったが、男女の件にかんしては、該当する子どもたちへの心配りに欠け、騒ぎを抑えることができなかった。少女たちが大人のつきあいをする様子に嫉妬したのだろうか。年上の少年たちが次々と戦争で去っていく中で、男ざかりで思いやりがあり、見た目も魅力的なレインは、ほぼ唯一の男性だった。彼に好意を寄せる少女は多かったが、その子たちの視線が今では別の方向に向いていたのだ。

はじめの数年は大きな問題になるような報告はなされていないが、性の問題が首をもたげると事態は変わった。うわさは一気に広まった。戦争による少年たちの不在、そして自給自足の方針により、コモンウエルスはいっそう閉鎖的になっていった。そして内務省の干渉も、コモンウェルスの雰囲気を変える原因となった。

レインの大きな失敗は、一部の少女を特別扱いしたことである。そのために彼は非難された。エセルは事務所の仕事を任されていたのだが、それはレインが彼女に頭があがらないからだとさえいわれていた。アニー・スコットはレインの最初のお気に入りの一人で、そのことをエレンとメアリーはよく思わなかった。そのアニーは、エレンにその座をとられると、ふくれてリトル・コモンウェルスを去って行った。

一九一六年十一月、レインはエレンとメアリー、そしてシシーを、一三〇キロほど離れた港町トーキーにあるグランド・ホテルへ連れて行った。表向きの理由は、寮での食事の出し方を教えるためだったが、彼はのちに次のように書いている。

「私は常々、家庭が安全でないために家に帰れない子どもたちには、非日常的な体験や休日が大切だと考えてきた。」

シシーはレインの隣の部屋がいいと言い張り、彼がそれを認めたために、ここでもエレンとメアリーの嫉妬を買うことになった。

レインはその後、同じ三人を連れて、今度はロンドンへ行った。グレート・ラッセル・ストリートにある行きつけのサッカレー・ホテル[4]にシシーと泊まり、エレンとメアリーはデットフォードで一泊した。旅の目的は、エレンとメアリーがホームシックにならないように、そして少しでも早くコモンウェルスを出たいと思えるように、両親と会わせることだった。役員会もいつものように、この旅行に反対はしなかった。もっともセシル・チャップマンは一九一八年に、この旅行を「休日のごほうびとして女の子をホテルに連れて行くという、アメリカ的で遺憾な行動」だと振り返っている。

一九一七年八月には、娘のコーラ、エセル、リジー、そしてシシーをトーキーに連れて行き、保養地ペイントンの近くに数日間テントを張った。もし自分が同行しなければ、少女たちは付き添いなしで泊まり

4　Thackeray Hotel：二〇世紀初頭にロンドンの大英博物館のそばにあった「禁酒ホテル」の一つ。十九世紀の禁酒運動の流れの中で、イギリス各地で酒を提供しないホテルが建てられた。モダンな設備が整い、結婚式や各種会合に使用されるなど、主に中流階級以上の人が利用する人気のホテルだった。

に出かけることになるのだから、反対する者などいないだろうとレインは考えていた。人から不適切だといわれるできごとの多くは、実はよくあるできごとなのだとレインは話している。しかしのちに、彼のそのことばに賛成しない者が現れるのである。

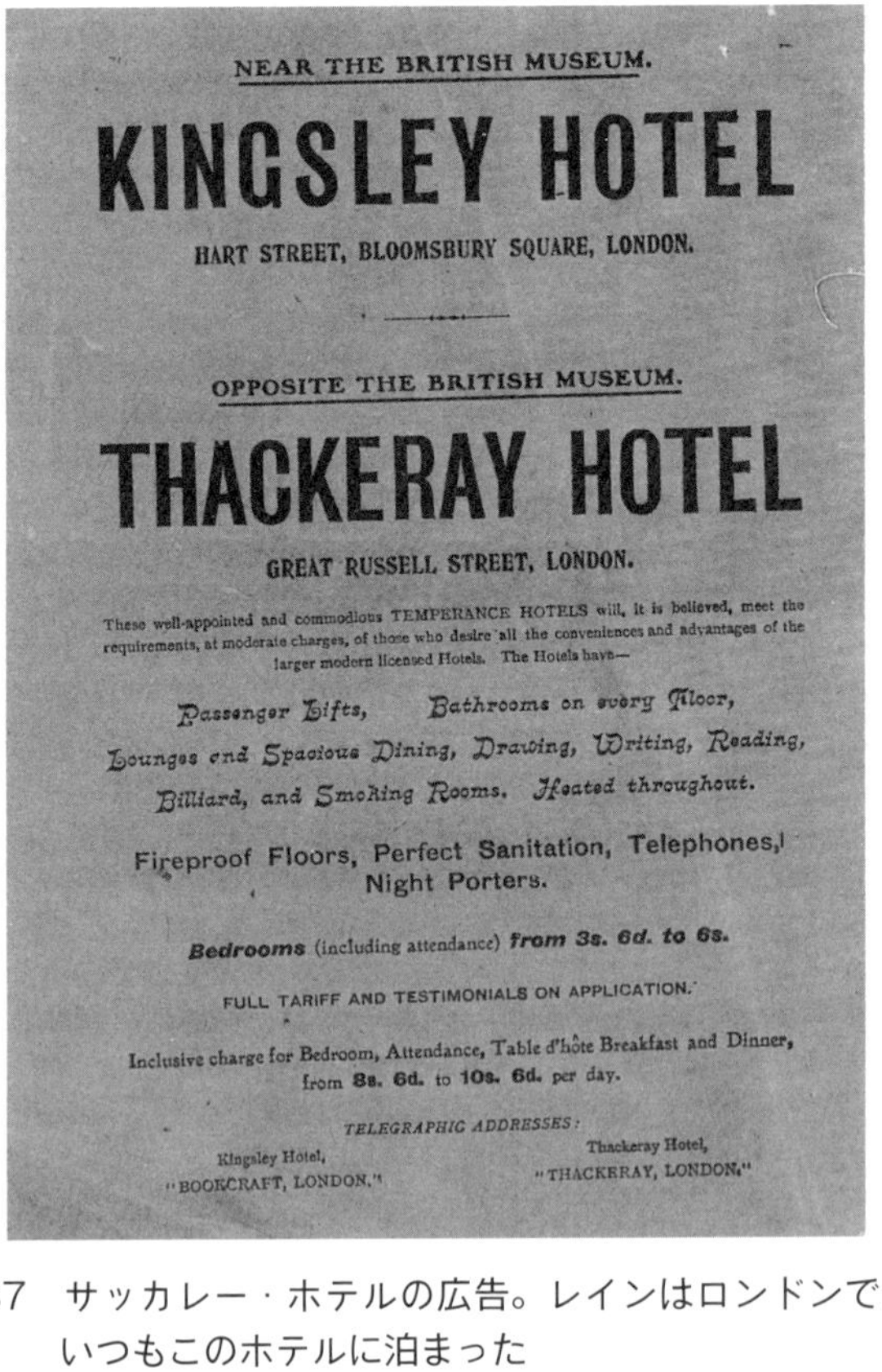

37　サッカレー・ホテルの広告。レインはロンドンで，いつもこのホテルに泊まった

15　存続の危機

リトル・コモンウェルスの「何かが腐敗したような」雰囲気は、一九一七年七月にピークに達した。うわさが充満し、口論が絶えなかった。レインはそれまでもそうだったように、危機的状況になるまでじっと耐えて待った。ある金曜日の「法廷」で、言い争いが多すぎて「裁判官」がその場をまとめられずにいるのを見て、そのような状態で自治を続けることはできないとレインは指摘した。彼は子どもたちに、この「腐敗の原因」はどこにあるかと尋ねた。その日はすでに夜遅かったため、議長のウィリアム・ジョーンズはその場はいったん中断して、日曜日に話し合いの続きをすると言い渡した。ベラとエセルは、その話し合いに必ず出るようにといわれた。二人が一連の「腐敗の原因」なのだと責められると、エセルは怒って、本当の原因を自分は知っていると発言したが、その場ではそれ以上は話さなかった。ベラは終始、黙っていた。

集会後、エセルはベス・ジョーンズに、レインが数人の少女と「不適切な関係」を持っていると話した。その話を聞いたレインはすぐに、まったく関係のない少年たちも含めて、子どもたち全員を起こして、再び集会を開いた。レインが訴えを述べると、部屋のあらゆる方向からエセルとベラに非難と憤慨が浴びせられ、その場は騒然となった。シシーとミニーに至っては、その二人に飛びかかろうとして取り押さえられた。その様子について、レインは書き記している。

「私はその状況に驚いた。それまでの一週間に、ほとんどの子どもたちのあいだで、私について何かしら話題になっていたのだとわかったからだ。」

たとえば同じ月のはじめには、女の子たちが呼びかけて開いた集会で、ジェーン・バードがレインに同じような言いがかりをつけたことがあった。ジェーンは一度はリトル・コモンウェルスを出たのだが、職員として戻ってきていたのだ。人気があり、愛嬌もあり、見た目がかわいいジェーンは、作り話をする子だった。だれかとだれかの仲を言いふらすのである。子どもとして過ごした一年半のあいだは、年頃の仲間たちのグループで、いろいろと目立っていた。だからおそらくいま、再び注目の的になるのを楽しんでいたのだろう。のちに訴えを取り下げ、「問題を起こしたいだけだった」と認めている。

ジェーンはミス・ベイズリーに付き添われてハートリプールの家に帰ったが、自分の意思で再びコモンウェルスに戻ってきた。その後、バーミンガム近郊の町バーントン・グリーンで、メイドとしてイザベル・マージソン女史のもとで働いたが、ほどなくまたコモンウェルスに戻ってきた。手が汚れるのを嫌がる子だったが、それでも寮の一つヘザー・コテージを手伝った。彼女が集会で訴えた内容が少しでも事実だったら、二度も戻ってはこなかっただろう。

日曜日に続けられた集会は二時間におよんだが、その間もエセルとベラは自分たちに非があると認めようとはしなかった。エセルは次第に口を閉ざし、逆にベラはヒステリックに興奮し始めた。ついにレインは、これは深刻な問題だから、翌朝に二人を連れて警察に行くことにしたいと提案した。エセルとベラも同意した。

しかし翌朝、レインは体調を崩した。本当かどうか疑う声もあったが、実際に長時間の農作業で肉体的にはボロボロだったし、集会で精神的にも疲れきっていたのだ。集会によって、リトル・コモンウェルスの雰囲気はよくなったが、二人の少女を孤立させる結果になってしまった。レインはそのことにひどく落ち込み、疲れ果てたようだった。

エセルとベラは、体調を崩したレインを警察には訴えなかった。レインもまた、この件を役員会には話さなかった。四日後に体調が戻ると、すべては落ち着いているようだった。自信を取り戻したレインは、エセルをロンドンのサッカレー・ホテルに連れて行った。彼女はそこで速記に使う口述録音機の使い方を教わり、事務所の仕事全般についてコモンウェルスのロンドン支部会計士と話をした。エセルは意欲があり、熱心で、賢く、リトル・コモンウェルスの事務で働くために通信教育まで受けた。

「エセルにはロンドンで頼れる友人がいないため、安全を考慮して、私がいつも泊まるホテルに部屋をとった。彼女は仕事のために二日間ロンドンに滞在した。一晩はヘイマーケット劇場にも連れて行った。」

その後、レインはトーキーに旅行に行ったのだが、やはりエセルを連れて行っている。

「七月に不快なできごとはあったが、だからといって、今回の旅行からエセルを外す理由にはならない。成長期には感情が激しくなるものだ。それを理解していれば、そのような子どもたちがどれほど深刻な問題を起こしたとしても、罰を与え続けることはしないし、そのヒステリーじみた行動を非難することもない。」

レインは自分以外の人を責めることがなかった。エセルとベラにも何の罰も与えなかった。もっとも、彼に少しでも罪の意識があったならば、罰を与える立場にはないのだが。彼は自分を守るために弁明しようともしなかった。彼はその広い肩に、すべての責任を背負っていたのだ。だからこそ例の集会のあと疲れ果てて倒れてしまったのかもしれない。

エセルとベラがずっと孤立しているのをみて、レインは二人に集会で話をさせようとしてはいけなかったと気がついた。この一連のできごとについて、ニューベリーの女性訓練施設のM・L・ショウが次のように述べている。

「男女を問わずすべての救助隊員は、隙さえあれば少女たちからわいせつだと訴えられるように、この類の非難は職業がら起きやすいことです。ですが、ベラにかんしていえば、コモンウェルスの一員としてではなく、もっと個人的に働きかけるか、あるいは別の場所に移すべきだったでしょう。」

ショウは、レインが少女たちに、彼女たちがまいた種がどのような結果をもたらすことになるのかをきちんと説明すべきだったとも考えていた。コモンウェルスの一部の役員も同じ意見だった。役員会に話さなかったとしても、せめてほかの職員の意見は聞くべきであった。

遅ればせながら一〇月に、アイリス・マッキントッシュがコモンウェルスを去った話が役員会の耳に届き、三人の役員が話を聞きに来た。そのころには問題は沈静化しており、質問されたベラも「あれはバカげた話だった」といっただけだった。アイリスの母親は、深刻なできごとだとは思っていませんと話し、ベラの父親も同じだった。

しかし、ベラの孤立は続き、コモンウェルスを出て家に帰るという目標も達成できていなかった。十二月中旬に行方をくらましたが、見つけられて連れ戻された。十二月三〇日には、ミニー、アルフレッド・

カー、トマス・アルフレッドソンと共に、コモンウェルスの事務所から金庫を盗んで逃げた。二人の少年は翌日に見つかり、コモンウェルスに連れ戻された。少女たちはロンドンまで逃げ、一週間ほどして捕まった。

警察で、彼女たちはレインについて深刻な訴えをしている。そのことをミス・ベイズリーは次のように書き留めている。

「一〇月にベラは役員会のメンバーに、それまでに自分が述べていたレイン氏への非難は事実ではなかったとはっきり話している。二週間前に警察にお世話になったときにも、だれも訴えなかった。それが今回、同じ警察署で、レイン氏が二度も彼女に対してみだらな行為をおこなったというのだ。ミニーも、例の七月の集会ではもっとも憤慨していたのに、今では実はレイン氏とふしだらな関係があったと話している。」

ベラとミニーは、レインがほかの少女たちとも関係があったと訴えた。その内容は激しさを増し、リットン卿が次のようにレインを擁護しなければならないほどだった。

「男であればだれでも、たとえレイン氏であっても、人柄に惹かれたり、あるいは、とつぜんの誘惑に負けて、女性と罪深い関係をもってしまうことはあるでしょう。しかし、いま問題にあがっているようなみだらな行為は、極端な性癖を持ち、病的なまでに異常な人のみがすることです。レイン氏はそのような人ではありません。万が一、彼がそのような人物だとしたら、私たちは彼がこの上ない偽善者であったと認めざるをえません。彼の人生すべてが嘘まみれで、長年親しくつきあってきた私たち全員が彼にだまされていたことになります。」

レインは確実に、自信をもって、熱心に仕事をしたが、同時に一風変わった謙虚さも持ち合わせていた。たとえ言い寄られたにしても、自分の権力を使って少女たちと関係を持つような人間ではなかった。彼を「パパ」と呼ぶ子どもたちを、レインは家族のように扱った。この子たちに対して責任を負っていたのはレインである。少なくとも不安定でヒステリックになりやすい女の子の中には、このあたたかくて魅力的でコモンウェルスで唯一の男性にあこがれて、注意を引こうと競う者たちもいた。もしだれかが彼と関係をもったといえば、ほかの者も負けてはならないと思っただろう。少女たちが彼に浴びせた数々の非難は、彼女たちが育った下品でうわさ好きな下町の生活ではよくあることだった。それが事実かどうかは彼女たちには重要ではなかったし、そのうわさがどのような結果を招くかもどうでもよかったのである。

レインは行動する人で、仕事が生きがいだった。人のために心も身体も惜しみなくささげたが、そのせいか、自分自身のことを気遣うのは二の次だった。彼のような地位にある人間にはありえないほど、みずからの行動に無頓着だった。

「少女のだれかに対して私のほうが何らかの不貞をおこなったときには、当然のことながら役員会が即座に私をクビにするだろう。」

このようにレインは話しているが、旅行に連れて行くときには少女たちと同じ階に泊まり、彼女たちの部屋にはたいてい鍵がかけられていなかった。そして朝には少女たちがレインの寝室までコーヒーを運んだ。彼の隙だらけの自己防衛については、複数の人が指摘をしている。

「彼は罪を犯した人も社会にうまく適応できない人も擁護する。しかし彼自身の振る舞いや意見に疑問が投げかけられたときには、自分が誤解された立場に置かれていること、そして他人の誤解をさらにけしかけることを、妙に楽しんでいるように見える。」

リットン卿はこのように記している。また、ミス・ベイズリーは次のように語っている。

「彼は人並みはずれて自分を守ろうとしない人だ。だが、彼の活力と回復力も人並みではない。」

そして今、この後者の力が試されようとしていた。判事のセシル・チャップマンがレインに電報を打ち、ベラとミニーの居場所を伝えた。そして、二人を迎えに行く前に、まずは自分の元に寄るようにとも書いた。チャップマンは、少女たちが訴えを起こしたこと、そして警察がそれを内務省に報告したことをレインに伝えた。こうしてレインは出頭を命じられたのである。

16　内務省がレインを取り調べる

セシル・チャップマンは、内務省に出向くレインに付き添った。内閣の法務顧問アーンリー・ブラックウェル卿が、二人とサンドウィッチ伯爵に聴き取りをおこなった。チャールズ・ラッセルの後任として視察官に就いていたH・A・ノリス博士も立ち会った。この聴き取りはすべて記録されたわけではないが、メモがいくつか残されている。ノリス博士は発言はしなかったが、すでに自分の結論を固めているようだった。夏の一連のできごとと、ベラの訴えについて、すべてがその場で取り上げられた。

レインの印象はよくはなかった。持ち前の、自分の身を守ろうとしない態度も原因だったが、主な理由は、リトル・コモンウェルスでの七月の集会で自分は何の非難もされていないという主張だった。法的にいえば、その言い分は正しかった。なぜなら彼はアイリス、ベラ、バーサが親に宛てた手紙を読んでいないし、エセルとベラの非難もレインに面と向かってあびせられたのではなく、あとでジョーンズ夫人がレインに伝えたのだから。しかしそうだとしても、おそらく彼の主張は間違いなく疑わしく聞こえただろう。

レインはその後、予定されていたラグビーでの会議に出席した。その間にノリス博士は同僚のマックドウーガル夫人とリトル・コモンウェルスを訪れ、子どもたちから話を聞いた。ノリスは未婚の四二歳でレインと同じ年齢である。薬学博士で公衆衛生学が専門だった。ある校医の助手として働き始め、その後は軍医としてトルコのガリポリ（現在のゲリボル）、エジプト、フランスに赴いた。レインとは逆に、どちらかといえば好色な印象の人物だった。前任のラッセルとは違い、非行少年を相手にした経験はなかった。

一九一八年一月九日、マックドゥーガル夫人はロンドンのサザーク救貧院で拘留されていたベラとミニーから話を聞いた。ベラは早朝にレインの寝室へコーヒーを運んだ話をした。

「彼は、まず私の足を触りました。」

また別のときには彼女の胸を触ったとか、何度もキスを迫られたとか、深夜にエセルとエレンの寝室も訪れていた、とも言い張っている。ミニーの話は、さらにゆゆしき内容だった。

「レインさんは、三度も私に乱暴しました。」

二人の話には、思春期の女の子にありがちな、甘く空想的な描写が盛り込まれていた。

「彼はパジャマ、私は服を着ていました。彼は私の服の前部分をまくり上げて、下着をおろしました。腰の部分にゴムが入っている下着です。『やめてください』といいましたが、私をベッドの上で抱いたままパジャマを脱ぎ、自分の性器で私の秘部を触りました。そして中に挿れたのです。あまり痛くはありませんでした。そして彼は私の上に覆いかぶさり、上下に動きました……。」

ミニーは医者の診察を希望したが、実際にはおこなわれなかったようである。ミニーはもともと似たような話が理由でリトル・コモンウェルスに送られてきたのだが、そのことに触れる者はだれもいなかった。

一月一〇日、ノリスの立ち会いのもと、ブラックウェルは再びレインに聴き取りをおこなった。聴き取りが記録されたのは、このときが最初である。この時点で、すでに内務省の決断は固まっていたのかもしれない。それまでレインが失踪した子どもたちを連れて帰っていたように、ベラとミニーをコモンウェルスに連れて帰ることを、ブラックウェルは認めなかった。

「彼女たちを帰すなど、私も内務大臣も認めるわけにはいきません。内務省がこの先もリトル・コモンウェルスを認可し続けるかどうか、わからない状況なのですから。」

レインには不利な対立だった。彼は役員会のメンバーと会うために、ロンドンのヒンチンブルックにあるサンドウィッチ邸を訪れた。セシル・チャップマンの話では、マックドゥーガル夫人はレインに非があると信じているとのことだった。リトル・コモンウェルスの従来の型にはまらないやり方と、少女たちが話した旅行の件が、彼を追い詰めたのである。ノリスはコモンウェルスの認可を取り消すべきだと内務省に伝えた。

レインが十分な調査をおこなうよう役員会に依頼したため、一月十五日にリットン卿が議長となって役員総会が開かれた。レインは別室でその結果を待った。役員総会では、満場一致でレインを信用すると確認された。そして、真相を調査するために、リットン、サンドウィッチ、ホーカー、チャップマンを含む小規模の役員会が組織された。

当然のことながら子どもたちは一連のできごとで落ち着かず、レインはそのことも気に病んでいた。さらに、彼がロンドンのサッカレー・ホテルへ行っても、内務省の役人が調査しているからと宿泊を断られた。レインは次のように記している。

「私はことばで表せないほどの性的犯罪を犯したと訴えられ、尋問され、有罪判決を下されたが、一度たりとも弁明の機会を与えられていない。内務省にどのような証拠が提示されたのかも知らないのだ。」

そして役員会も、独自に調査を進める猶予を失った。リトル・コモンウェルスの経営と、現場責任者であるレインに対する告発について、内務省が極秘に調査すると決めたからだ。勅選弁護士（King's Counsel）で下院議員のJ・F・P・ローリンソンがこの調査を任された。レインの伝記を書いたディヴィッド・ウィルスの考えでは、内務省がこのように迅速に対応したのは、レインを擁護しようとする「お仲間」の動きを抑制するためだった。

レインを軽犯罪裁判所で裁くことはできなかった。少女たちが結婚や性交に同意できるとされる承諾年齢に達していたからだ。しかし、彼の行く末はローリンソンという経験豊富な治安判事の手に委ねられることになった。彼はケンブリッジの記録官、治安判事、そしてケンブリッジ大学の国会議員労働組合のメンバーでもあった。

ローリンソンとノリスは判事と原告の関係だったが、調査のために共にコモンウェルスを訪れた。四五分の滞在中に、彼らは寮の寝室の間取りを確かめた。ベッドの配置は、チャールズ・ラッセルが視察官だったときに内務省が認可したのにもかかわらずである。二人はだれともことばを交わさず、ローリンソンはコモンウェルスの方針についてレインと話すこともしなかった。バスルームで手を洗っていた少女たちが、三人が近づいてくるのに気づいて中からカギをかけてしまったのを見て、ローリンソンはますます怪しんだ。（彼はあまり子どものことをわかっていないようだった。）

二人を車でエヴァーショット駅まで送ったとき、レインは役員会に用意した書類をローリンソンに手渡した。その内容から、彼には事情がさっぱり理解できていなかったことがわかる。

「ローリンソン氏からは、何を調べるための調査なのか、いっさい情報をもらえませんでした。おそらく何らかの証拠を持っていて、その確認のためだったと思いますが、それについても教えてもらえません。ノリス博士が同席していたので、当然今回の調査中に私の目の前で、彼がすでに持っている証拠を提示してくれるものだと思っていましたし、ローリンソン氏が今回の件についてようやく私の話を聞いてくれると期待していたのですが……。

今回の調査は、ノリス博士あるいはアーンリー・ブラックウェル卿が最初の調査で出した結論を裏づけるためにおこなわれたのだと思います。告発を受けて、内務大臣が代理人としてローリンソン氏を派遣したのでしょう。ノリス氏が私の話をいっさい聞かず、釈明の余地も与えず、コモンウェルスを非難するような勧告書を内務大臣に提出したのは、まったくもって不公平です。正式な調査がおこなわれる前にノリス氏とローリンソン氏が本件について意見交換をしたのも、軽率な行為だと思います。ローリンソン氏が今回の調査に来る以前に、それまでの証拠をすべて把握していたとは、もちろん私は知りませんでした」

レインがさらに落胆したことに、次の取り調べはリトル・コモンウェルスではなく、ドーチェスターのキングス・アーム・ホテルでおこなわれた。記録が残っているのは、レイン本人からの聴き取りだけである。同席したのは、ミス・ベイズリー、ウィリアム・ジョーンズ、エセル・ムーア、シシー・ショーター、ジェーン・バードだった。席に着く際にエセルがシシーに笑いかけたか話しかけたかしたので、ローリンソン氏が注意した。

「静粛に！　ここは法廷です！」

そして、メディアが傍聴できる公判にすべきだったと続けた。防衛する立場にあるレインは、リットンとサンドウィッチが同席できるときまで聴取を延期してほしいと頼んだ。しかし、却下された。

ウィリアム・ジョーンズの証言は二時間以上も続いた。彼はベラとミニーを信用していないと話した。七月の集会前に漂っていた不穏な雰囲気も集会後はなくなり、今回の件で一月にノリスが訪問するまで、そのような空気はなかったとも語った。彼の陳述は、少女たちがレインに「犯された」ことにも及んだ。レインがその表現に異議を唱えると、ジョーンズ氏はそのことばを最初に使ったのは自分ではなくノリス博士だと答えた。それについてはノリスも認めている。

ノリスはレインの「汚れたシーツ」を新たな物証として持ち出し、ローリンソン氏もその証拠を重視した。取り調べのあとで、レインは次のように記している。

「ノリスがいうには、ベラが私の汚れたシーツの間から血痕のついたハンカチが見つかったと訴えたそうだが、ローリンソン氏はどうやってその情報を手に入れたのだろう。そしてそれが取り調べと何の関係があるのだろうか。」

エセルとシシーは堂々と証言したが、ジェーン・バードは怯えてしまい、ローリンソンの質問に答えられなかった。

「そこで私はローリンソン氏に助言をした。ジェーンはこれまでずっと精神的に不安定な子だ。もし彼女から新たな情報を聞き出したいのなら、もっと優しく質問したほうがよい、と。」

その晩レインは、サンドウィッチとリットンが同席できる日まで聴取を延期することと、今後はロンドンでおこなってほしい旨を書き記した。しかしローリンソンはまたしても聞き入れなかった。レインは言い張った。

「私にとって最悪の結果は、コモンウェルスの認可の取り消しです。私がふしだらな行動をしたという訴えの取り調べなど、どうでもよいのです。」

レインの執拗さに、もともと彼に賛同していないローリンソンは苛立った。エセルの供述書を調査に持ち込まれる前に見ようとレインが時間稼ぎをしていると思ったようである。ローリンソンはジョーンズ氏とエセルの協力を得てコモンウェルスの書類や会計などを調べ、ようやく聴取を延期し、続きをロンドンでおこなうと認めた。

一九一八年二月八日から四月十五日のあいだに、聴取はさらに七日間おこなわれた。その内容は公にされず、報告書もどこかへ行ってしまった。不思議なことに、公立記録保管所（Public Record Office）にも内務省の書庫にも、報告書が保存された痕跡はない。

リットン、サンドウィッチ、チャップマン、ホーカーが、聴取のあいだずっと同席した。彼らはレインの無実を疑わなかったが、レイン自身は相変わらず身を守ろうとはしなかった。しかもローリンソンの質問にひねくれて答えるので、状況は悪くなる一方だった。ベラが失踪したときにレインが彼女を見つけられなかったことも怪しまれた。彼は聴取がおこなわれるロンドンと、落ち着かないリトル・コモンウェルスを何度も行き来した。ミス・ベイズリーもたびたびロンドンまで出向いたが、聴取が終わると、ほどなくしてリトル・コモンウェルスを去ってしまった。

その間にも、コモンウェルスには新しい子どもがやってきた。一九一八年の春には二人の子どもが受け入れられた。そのうちの一人はウェールズのスウォンジーからきたケイティー・モーガンという名の少女で、母親が泣きながら連れてきた。コモンウェルスで「きわめて誠実な両親」がいる唯一の子だったが、盗んだお金で菓子を買い、もっともらしいウソをついて、両親を悲しませたのだった。彼女は男に襲われたとも主張したが、よく話を聞くとそれは亡霊のようだった。レインは彼女をとても難しいケースだと考えた。それでもこの大変な時期に彼女を受け入れることに不安はなかったようで、それは内務省も同じだった。

そのころ、失踪する子どもがとても多かった。その理由についてレインはサンドウィッチに、「かつての効果があったきまりごと」が、内務省の新しいルールのもとで続けられなくなったからだと話している。水攻めや平手打ちといった「自然に生まれた罰則」があったときは、子どもたちはお互いを抑え合っていた。チャールズ・ラッセルが視察官だったときには、レインはこのユニークなルールを存続させることで話をつけていたようである。しかし今回はそのようなわけにはいかなかった。それでも、そういったことを除けば、コモンウェルスの生活はほぼ変わらず続けられ、レインもできる限りのことをした。それまでの数ヵ月に起きたできごとで、彼の子どもたちに対する態度が変わることはなかった。

しかし六月六日、ついに内務省から手紙が届いた。

「閣下、

ジョージ・ケーブ国務大臣に代わってお伝えいたします。ローリンソン下院議員より『リトル・コモンウェルス』の調査報告を受け取りました。その報告を読む限り、残念ながら、ホーマー・レイン氏が責任者である限り、『リトル・コモンウェルス』を認可し続けるのは難しいと判断いたしました。

しかし、もし貴役員会が別の責任者を任命され、視察官の指導のもとで組織や運営方法にしかるべき修正がおこなわれる場合には、国務大臣は喜んで認可を継続する所存です。
忠誠を誓って
エドワード・トループ[1]」

手紙はサンドウィッチ伯爵に宛てられていたが、ほかの手紙と同じように、最初に読んだのは事務長のエセルだった。（ノリスは、このことを非常に気に入らなかったのだが。）そしてこの大ニュースは、エセルから皆に伝えられたのだった。

1 Sir Charles Edward Troup（一八五七–一九四一）：当時の内務省事務次官。

17　責任者を変えるよりは閉鎖を

六月十四日、リトル・コモンウェルスの役員会は、状況を話し合うために集まった。レインはすでに辞職を表明しており、その場にはいなかった。しかし六月二一日金曜日の会議には出席して、自身の考えを読み上げている。このように役員会が集まることになったのは、自分が専門家としてあってはならない過ちを犯してしまったためだと彼は述べたが、それは役員会が話題にしようとしていた「過ち」とは別のものだった。

レインは自分の仕事に信念を貫いた人である。そこで、やや長文になるが、ここでは彼のことばを引用するのが適切だろう。彼はフロイトと無意識の理論から話を始めた。

「それまで扱われなかった（無意識という）領域の研究は、本能、感情、肉体、官能、社会性、精神の分析でもあります。無意識によって感覚と認識が育まれ、それらが経験と結びついたとき、意識として自覚するのです。」

フロイトはみずからの理論を精神疾患の治療に役立てようとした。レインはフロイトの理論が効果的に使用された砲弾ショックの治療例を挙げた。そして初めて、レイン自身もフロイトの理論を試していたことが明らかにされたのである。これには役員会も驚いたことだろう。当時、アメリカでは非行に走る子どもたちの心理にはたらきかける方法が取り入れられていたが、イングランドではまだほとんど例がなかったのである。

「私はフロイトの理論を教育に役立てようと考えました。ただし、逆の順序でです。フロイトは不幸な生活の原因となっている絡まりをほぐし、異常なものを健全な状態にする方法をとりました。この方法を、私は教育において、子どもが楽しくて自分は何かの役に立っていると実感できる生活をつくるのに使用しました。フロイトは異常を治す方法をとりましたが、私がおこなったのは正常さをつくる方法です。

彼は患者の多くが、一〇代で何らかの精神疾患の症状が出始めていることに気づきました。私がかかわっているのは、成長は早いけれども非行に走る子どもたちで、程度の差はありますが、彼ら彼女らにも精神的な問題が多く見られます。その子どもたち全員を、フロイトの精神学的理論を借りて救わなければなりません。まず、それまでの生活で子どもがすでに持ってしまった強迫観念と恐怖を取り除き、その上で新たな教育を与えるのです。私が知る限りでは、フロイトの理論を学校教育に導入しようとした教師はほかにありません。」

レインはその分野の先駆者として働いてきたため、精神分析の理論を教育に応用するという仮説を述べることができると思っていた。

「フロイトの理論は、欲求の誕生から始まります。正確には彼のことばを借りれば性的欲求です。そこからさまざまな欲望を経て、最後には道徳的な生活を求めるのです。意識的な道徳や社会的概念に左右されない欲求は、超道徳的です。不道徳なのではなく、超道徳です。この欲求をフロイトは『リビドー』

(libido)と呼びました。」

レインはその後も、無意識の中身をどのように分析するのか、リビドーはどのような形で表れるのか、その多大なる力が個々の人生の目標や社会全体の幸福にいかに貢献するのかについて、説明を続けた。

「それを知るには夢診断が有効です。また、精神分析は、肉体的な病で興奮状態に陥った場合や、不道徳的な癖から抜けられない人にも、『昇華[1]』という建設的な方法でその治療に効果が期待できます。」

レインにとっては、教育とは昇華であり、「純粋でわかりやすい」ものだった。別の言い方をすれば、レインによるフロイトの解釈では、生とは本能と認識と愛情の循環から成る潜在的な上昇のスパイラルである。そして神の愛を知ることで最終目標に達することができる。

レインは、リトル・コモンウェルスの問題の原因について、みずからの考えを説明した。

「この会議を開かざるをえなくなったのは、残念な状況が起きてしまったからです。もとをたどればその原因は、コモンウェルスの子どもたちの無意識的なたたかいと性的倒錯行為にあります。私を訴えた子どもの一人はサディストとして有名で、チャーリー・チャップリンと彼の残酷な作品を溺愛していました。もう一人はマゾヒストでした。コモンウェルスでは、この二つの精神的な疾患は、私の知るほかのどの施設よりも多く見られます。その理由は次のように精神分析学的な考えで説明できます。

コモンウェルスでは自治をおこなうことで、子どもたちの中に徐々に意識的な道徳がしっかりと根づき

1　昇華（sublimation）：精神分析学用語。性的エネルギーを、学問、芸術、宗教など社会に受け入れられるような別の活動で表現させる無意識的過程のこと。

ます。これは、間違いなくコモンウェルスの理論とその論拠、そして実践によって生まれた結果です。そのため、本来は性的なものや愛情を感じるものに向けられるはずの子どもたちのリビドーは、監視の目から逃れようと、子どもたちの心の深いところで形を変えてしまうのです。その形を変えたリビドーが、子どもの意識に作用してしまいます。そのようなわけで、コモンウェルスにはマゾヒズムや自責の念を持つ子どもが少なくないのです。」

子どもたちのそのような状態に、首をかしげる人もいるだろう。しかしレインにいわせれば、それは彼がこだわった自治の原則が前向きに機能していることを表しているというわけだ。

レインは、自分の過ちは別にあるのだと説明を続けた。

「五年前にコモンウェルスの運営を引き受けたとき、私は精神分析のノウハウをある程度は持っていました。そして数週間前まで、私はあることを不愉快に思っていました。それは、子どもたちのリビドーが『もっとも身近な親』である私に転移[2]として向けられているのだと本人たちに気づかせないといけないという責任です。

私への転移が避けられないのはわかっていましたが、彼女たち自身がそのことに気づいているという事実から私は目をそらそうとしていました。数週間前までは、その責任から逃れるためにある方法を考え、うまくいっていると思っていました。その方法とはこうです。子どもたちには自分たちのコミュニティを

2　転移（transference）：心理学用語。フロイトが精神分析で用いた主要概念の一つ。幼少時代にだれかに対して持っていた感情（多くの場合は親）を、別の人（たとえば治療者）に向ける感情転移のこと。

つくらせ、きまりも自分たちでつくります。問題の解決も全校集会の場でおこないます。コモンウェルスの仕事では賃金が与えられるため、親の支援に頼らなくても暮らしていけます。こうして子どもたちの転移を、親から私にではなく、直接コミュニティに向けさせようとしたのです。」

しかしその試みはうまくはいかなかった。多くの子どもたち、とりわけ少女たちは転移の対象をレインに向けたが、レインはそれに応えようとしなかった。そのため、今回の事態に対処できなかったのである。フロイトの心理学では、転移とは親への強い感情が治療者に移行することを指していたが、それがコモンウェルスで起きていたのである。その結果、ほかの施設のモデルになるはずだった「すばらしい計画」を手放すことになってしまった。

「ローリンソン氏が私の強迫観念を完全に取り除いてくれました。一〇代の若者には、強迫観念そして自分とのたたかいから解放されるために、彼らのリビドーを受け止める親の代わりとなる人が必要なのです。いま私は、そのことがはっきりとわかりました。リビドーの転移先がコミュニティに向けられるのは、その後の話です。一〇代の若者といっても、まだ子どもなのですから。」

重大な嫌疑がかけられているわりには、まわりくどい抗弁である。おそらくレインは、自分の話が役員会の一部のメンバーに影響を与えるとわかっていたのだろう。とりわけ、人の基本的な本能は、子どもであっても性的なものであるというフロイトの考えを引き合いに出したのは効果的だったかもしれない。しかし、それよりも皆が驚いたのは、レインがフロイトの精神分析を実際におこなっていたという事実だった。六月二四日、レインはミス・ベイズリーに手紙を書いている。

「ついに秘密をもらしてしまいました。これまでずっと、コモンウェルスの本当の心理学的な目的は口に出さずにいたのです。ですが、このような状況になってしまっては、たとえ生意気なやつだと思われようとも、私が長年フロイトを超えようとしてきた事実を隠し続けるわけにはいきません。もちろん役員たちはとても驚いたし、あまり理解できていないようではありましたが。」

レインがフロイトの理念を知ったのは、おそらく一九〇五年に出版されたG・スタンリー・ホールの『青年期』(原題：*Adolescence*)と一九一三年出版のアーネスト・ジョーンズ著『精神分析に関する論文』(原題：*Papers on Psycho-analysis*)だと思われる。役員会には話さなかったが、レインは最後の数ヵ月のあいだ、何人かの少女に精神分析をおこなっていたのだ。そのうちの一人、アセナ・オリバーが一九一八年にミス・ベイズリーに手紙を書いている。

「すばらしいことに、今ではいいことと悪いことの区別がつきます。頭も八分の一ではなく、すべて使うことができています。」

内務省の取り調べがおこなわれる以前に、レインがこの精神分析をおこなっていた証拠はない。そのことから、一九一七年七月に少女たちとの問題が起きたときは、精神分析は関係がなかったと考えられる。一九一七年六月七日に、レインはジョージ・サンドウィッチとアルバータ・サンドウィッチに話がしたいと手紙を送っている。

「リトル・コモンウェルスの心理学的側面、経済、宗教などについて、大きな発見がありました。……性格、影響、指導にかんする自分の考えに、また一つ二つの間違いを見つけたと思います。それらは子どもたちの自治や自活などに影響しているはずです。」

この手紙の意図は定かではないが、レインが進めていた精神分析に関係しているかもしれない。彼がコモンウェルスについて壮大な考えを持っていたこと、そしてそこにサンドウィッチが密接に関与していたことがうかがえる。レインが役員会に告白した「衝撃の事実」も、サンドウィッチはすでに知っていたに違いない。

レインの賭けは当たった。役員会のメンバーの中には驚いた者や、話の意味が十分にわからない者もいただろう。しかし、役員会はレインを完全に信用すると宣言し、一九一七年に認可される前と同じように、内務省のサポートなしでコモンウェルスを続けることを決めた。

しかし、そこには問題があった。財務役員会の代表オットー・バイトがコモンウェルスの経済状況を調べた。七月二日に再び会議が開かれ、支援なしでは継続できない状況が報告された。そのような状況が知れわたれば、判事や親が子どもを預けようとしないのではないかという懸念が役員会にはあった。働いてくれる職員は見つからず、経済的には先が見えないという、どうにもならない状況だった。

役員会はしかたなく、戦争が終わるまでリトル・コモンウェルスの閉鎖を決めた。平和な時代が戻れば、またレインを責任者として再開できるかもしれない。この知らせは、「役員会の満場一致で」ということばとともに、関係者に送られた。しかし、実は決定の場にリットン卿がおらず、結論を出す前に彼の意見を聞くのが取るべき手順だった。結論を聞いたリットンは、即座に身を引いた。説得されて踏みとどまるような人ではなかった。彼は次のように書いている。

「私には確固たる信念があります。それは経験による部分もありますが、大部分は直感から生まれた信念です。無実の人間がスキャンダルに巻き込まれたとき、そのいざこざから抜け出す唯一の方法は、すべての事実を包み隠さず公表し、それまでとまったく同じ生活を続けることです。それがどんな状況であっても、隠しごとはいっさいしてはなりません。役員会の中にもそうだと感じている方々がいるように、もし今回の件が事実だったとすれば、それが明るみに出たとき、世間は支援をやめるでしょう。そうなれば、我々は活動を続けることはできません。しかしそもそも、支援はいつでももらえるものだと思ってはいけない。これまでは、今回のような危機的なできごとがなかったから、世間は支援してくれたのです。おそらくここまでの話は、私の仲間はみな賛同するでしょう。そうでなければ、リトル・コモンウェルスを一時的に閉鎖するという決定はなされなかったと思いますから。ただ、みなさんは、もう支援は得られなくなるとお考えですが、私は事実をすべて公にすれば、支援は得られると確信しています。それがみなさんと意見が異なる点です。」

リットンは、レインが七月の件について役員会に事実を話さないのは、どうせ理解してもらえないという理由だと考えていた。

「レインが我々に理解してもらえないと思ったのと同じように、あなた方も世間に理解してもらえない

38　ヴィクター・ブルワー＝リットン（リットン卿）

のではないかと恐れているのです。」

この立場の違いから、リットンは辞めざるをえなかったのである。

リットンやサンドウィッチのように、レインと少女たちの関係に疑問を抱かず、彼を擁護する人たちもいた。しかし一方で、落胆した役員会メンバーや支援者がいたのも驚くことではない。内務省の聴き取りを傍聴したバートラム・ホーカーは、ローリンソンがレインを無実にしたのは単に証拠不十分だったからという考えだった。また、レインと妻のメーベルが別の寮に住んでいたことから、二人の夫婦仲も疑問視された。レインは正常にバランスのとれている大人であれば、「エネルギーが別のものに向けられていれば、性生活がなくても平気だし、不幸でもない」と反論したが、ホーカーのような働き盛りで魅力的な男性には納得できないかもしれない。

サンドウィッチ女史は、レインの理論の一部に疑問を持っていた。一九一八年六月二七日、彼女はリットンに宛てて、レインが一部の少女をひいきにしていることについて「リトル・コモンウェルスで望ましい成長をしてくれるか、うまくいかないかは半々で、特別あつかいするような子たちではない」と書いている。それでも彼女はレインの無実を信用し続けた。

問題はまだあった。一九一八年八月十四日、ベティ・バルフォア女史が兄のヴィクター・リットン（リットン卿）に手紙を送った。そこにはレインの経済状況についてこう書かれている。

「非常にお金に無頓着な方ですね。お給料に加えて、自分の子どもの養育費までもらっているのに、さらに借金の肩代わりまでしてもらったことがあるそうです。」

実際、レインの浪費癖は、役員会の悩みの種だった。

レインには九月末までの給料と二〇〇ポンドの退職金が支払われると決まった。デイヴィッド博士はラグビー校の職に誘ったが、レインはそんな気分にはなれないと断った。コモンウェルスに戻り、閉鎖に向けた長く悲しい複雑な作業と、子どもたちの行き先を探すのを手伝った。(内務省も、レインがこれらの仕事に携わることには反対しなかった。)

子どもたちについては、次々と手紙がまいこんだ。おこないがよかった子どもたちは自由になった。モンテッソーリ部の子どもたちは行くあてがなかった。内務省から送られた子どもの多くは規則の厳しい施設に戻されたが、その行き先については、ノリス、サンドウィッチ、レインが吟味して選んだ。

ノリスの提案で、何人かの子どもたちは農場の仕事を続けるために残った。農業が深刻な人手不足だったからだ。その仕事にレインは数名の少年を選び、残りの子どもは別の学校に移すことにした。ノリスはレインの提案をすべて受け入れた。少年たちは主にチェシャー州のサンドバック少年院に送られ、そこで出荷用の野菜を育てる仕事をした。少女たちは、リバプールでキリスト教団体が運営する新しい学校に送られた。サンドウィッチがレインに伝えたところによると、少女たちの行き先としては、ノリスはこの学校以外には考えなかったという。

別の三人の少女は、ロンドンの南ライゲート近くのホリー・レディーマー更生施設に送られた。一八九五年に、禁酒運動家だったイザベル・サマセット女史が、アルコール中毒の女性のために始めた施設である。のちに、行き先のない子どもも受け入れるようになった。女性も子どもも手厚く面倒を見てもらえる施設だった。

その間、一度去っていたエレンが、二月にコモンウェルスに戻っていた。そして最後の数ヵ月のあいだ、すでに辞めてしまった二人の寮母の穴を埋めてくれた。彼女はベラの訴えはウソだと、ひとことで片づけてしまった。レインの妻メーベルは、夫が不在のあいだもコモンウェルスで仕事を続けた。農場の管理は、息子のレイモンドが少年たちの手を借りておこなった。

一九一八年一〇月二三日、ホーマー・レインはついにリトル・コモンウェルスを去った。家族と共にロンドンに引っ越し、モンテッソーリ部の子ども二人と、シシー、エレン、ジェーン、エセルも一緒に連れて行った。シシーは行くあてがなく、映画館の受け付けをしていた父親にも拒絶されたからだ。ジェーンとエセルはレインを告発した例の二人だが、彼はいつでも子どもに恨みを持つことはなかった。彼はコモンウェルスの鬱々とした最後の数ヵ月をいつものように働いて過ごし、四人の少女を連れて出るときには内務省は何もいわなかった。このことからも推測できるように、ローリンソンの聴取の一番の目的は、レインの影響が広がるのを抑えること、そしてコモンウェルスの閉鎖だったのだ。そもそも急進的なラッセルがいなければ、コモンウェルスの認可などありえなかったのである。

コモンウェルスはレインがいなくても続けることはできただろうか。フォード・リパブリックはレインが去った後も続いたし、レイン自身も自分が特別に主要な役割を担っていたわけではないと語っている。

「リトル・コモンウェルスはそれ自体が機能しています。私はここに住む大勢の一人に過ぎません。そうでなければ、私の理念は間違っているでしょう。」

彼はこのように、エクセター・エクスプレス・アンド・エコー紙の取材に答えている。しかし、レインがいなければコモンウェルスはまわらないと考える人もいた。ベティ・バルフォア女史は、コモンウェルスの民主主義はあくまで表面的なものにすぎないという印象を持っていた。一人の人物がすべてを動かしていて、レインがいなければ先には進めないだろうと思っていた。のちの一九六四年、サンドウィッチ伯爵はデイヴィッド・ウィルスに話している。

「レインはいつも渦中にいて、人に任すことがありませんでした。彼の役を引き継げる者はコモンウェルスにはいなかったでしょう。」

革新的な組織には、その目的が治療であれ芸術活動であれ、だれの目にもわかる看板となる人がいるもので、その人が去ると組織の存続は難しくなる。しかし、数少ない例外がある。それがサマーヒル・スクールだ。その理由について、ニイルの娘で現在サマーヒルの責任者であるゾーイ・レドヘッドが次のように話している。

「それはおそらく、ニイルの理論が、彼が死ぬまでにしっかりと形づくられていたからでしょう。そして、私を含め、家族が学校を引き継ぐことができたのも理由の一つだと思います。この学校で子ども時代を過ごした経験が、とても役に立っています。」

戦争が終わっても、リトル・コモンウェルスが再開されることはなかった。永久に終わってしまったのである。そして、コモンウェルスの閉鎖を見届けられなかった少女がいた。ミニーは一九一八年の夏に去っていったのだが、その後、誕生日にレインからもらったブローチを取りに戻りたいといってきた。ミス・ベイズリーは書いている。

「しかし、ミニーが戻ってくることはなかった。コモンウェルスは閉鎖してしまい、そして同じ年の冬に、彼女は大流行したインフルエンザにかかって助からなかったからだ。」

18　その後のレインと精神分析

レインはその後どうなっただろうか。彼の落胆は大きかったが、めげずに再出発する力はあった。北ロンドンのハイベリー・ヒル三六番地に大きな家を借り、そこはすぐに人でいっぱいになった。リトル・コモンウェルスの子どもたちが出入りしたり、週末だけ遊びに来たりした。エセル、シシー、そして「いがぐり頭」のジェーンは、その家の子どもとして暮らした。シシーが海辺の町ハーンベイから「パパ」に宛てた手紙が残されている。内容は、もう一週間休暇を過ごしてから帰りたいというお願いである。レインはモンテッソーリ部の子どもの一人、オリーブ・マクラフリンも養子にした。

これだけの人数を養うのは当然のことながら経済的に大変で、妻のメーベルは家計のやりくりに必死だった。それに、学費も払わなければならなかった。実の子どものポリーとアランはハムステッドにあるキング・アルフレッド・スクールに通った。当時そこでは、A・S・ニイルが教鞭をとっていた。レインは教職員に心理学の講義をおこなったが、評判はよくなかった。ニイルによると、レインは不機嫌そうな顔をして席につき、講義が終わると、この学校は嫌悪感にあふれているといったという。

さいわい、リットン卿がまた別の講義を手配してくれ、そちらは好評だった。はじめのうちは、この講義がレインの主な収入源だった。その内容の一部は、彼の死後一九二八年に出版された『親と教師に語る』(小此木真三郎訳、文化書房博文社、一九七六年。原題：*Talks to Parents and Teachers*)におさめられている。

レインの講義にかんしては二冊目が出版される予定だったが、編集者が彼の心理療法士としてのやり方に賛同しなかったため、実現しなかった。実に多くの人にさまざまな受け止められ方をした人である。

彼はまた、「精神分析のコンサルタント」にもなった。彼の手法は、みずからの実践と数々の書籍をもとに生み出した理論を「フロイト化」したものである。新しい方法だが、不安はなかった。一九一八年にリトル・コモンウェルスの役員に向けてこのように話している。

「この(フロイトの無意識の)理論は、人が己の内に潜む真実に気づいたときに、それまでに培った知識に頼ることなく、みずから説明できる唯一の理論なのです。」

39　精神分析をおこなっていたころのホーマー・レイン

ニイルはフロイトの理論をレインから聞いて知った。一九一七年のコモンウェルスの訪問は、ニイルにとっては運命を変えるできごとだった。サンドウィッチ伯爵、リットン卿、ベティ・バルフォア女史、リットン卿の姉であるコンスタンス・リットン女史に混じって、ニイルもレインから夢診断を受けた。レインは精神分析医の資格を持っていなかったので、患者を「生徒」と呼んだ。フロイトの理論をあたかも自分の目で見たかのように解説し、「生徒」の夢を分析した。

ニイルはレインの理論には異論があったが、それでもほかの「生徒」たちと同じように、レインの診断にはおおいに助けられた。レインには生まれつき驚くほど他人に共感する能力がそなわっていた。彼にとっては、たとえば美的感覚にすぐれたスコットランドの一教師ニイルも、敬虔なキリスト教徒でベンガル総督である貴族リットン卿も、たいして違いはなかった。ニイルはレインが子どもではなく大人を相手にするのは間違っていると考えていたが、その点にかんしてはレインには選択の余地がなかった。ラグビー校は環境が違いすぎただろうし、かといってそれ以外の仕事の話はなかったからだ。レインはデイヴィッド博士に、自分の評判はラグビー校にいい影響を与えないと思うと話していた。

そういうわけで、レインはさまざまな場で講義を開き、また心理療法士として活躍した。彼の理論は、次第に精神分析からユングの分析心理学的なものへと移行した。その理由の一つは、彼はあくまで精神分析者としては素人だったからである。

ロンドンのデパート、セルフリッジからも仕事の依頼がきた。デイヴィッド・ウィルスがその件について記している。

「（セルフリッジの）教育部門および社員管理の責任者に、レインを知る野心的な若い女性が採用された。

彼女はコモンウェルスの子ども数名を雇った。また、社員にストライキを起こさせたり、給料袋に挑発的な文言を印刷したりして、これらについて議論を深めるようにすすめた。その話し合いの場にレインが招かれた。」

レインは、会社全体で共同体をつくり自治をおこなうことを提案した。

「子ども向けの部門をつくり、対象年齢別に分けて企画を考えるのです。乳幼児向けのおもちゃを開発し、無料の映画上映や、きれいな景色を楽しむツアーを提供しましょう。」

これらはレインがそれまで培ってきた得意な分野だった。

しかし、問題はなくなったわけではなかった。レインの理論には危険が伴っていた。彼の考えでは、無意識の欲望を引き出すためにはすべてをさらけだすことが必要であり、これが再び内務省の視察が入ったときに問題となった。「生徒」の愛情が転移として向けられたときには、療法士として受け入れなければならなかったが、レインは受けるだけでなく返しもした。（感情だけでなく肉体を伴う場合もあった。）レインに贈り物をするケースもたびたびあったが、断ることはなかった。そうすることで「生徒」は癒されているかもしれないからだ。一方で、経済的に困難な状況にあると思われる「生徒」には、費用を請求しなかった。

一九二〇年代のはじめは、レインの生活は好調だった。郊外に家を持ち、それとは別にロンドン市内のゴードン・スクエアに診療室があった。診療室の近所には、ジェームズとアリックス・ストレイチーというブルームスベリーの精神分析医が住んでいた。（レインを取り巻く専門家の多くと同じように、彼らもまたレインを少々うさんくさいと思っていた。）レインの浪費癖と自己管理の甘さは相変わらずで、それが彼の人生の最後の下り坂を招こうとしていた。当局とレインの関係は、リトル・コモンウェルスが閉鎖したときに終わったわけではなかった。一九二四年から翌年にかけて、再び事件が起きたのである。

レインの「生徒」の中に、ひどく神経質な若い女性がいた。この「生徒」があまりにもたくさんの贈り物をするので、彼女の家族は心配していた。レインが税金を支払ったり、オープンカーを購入できたりするほど高額の金銭を贈ったことさえあったからだ。この「生徒」の家族から相談を受けた警察が彼のもとへやってきたようだ。そのあと、レインは外国人登録を怠った罪で起訴された。自己管理の甘さが招いた結果である。

40　現存するホーマー・レインの最後の写真

彼は有罪判決を受けたが、その際に検察当局は一九一七年七月の件を持ち出し、レインが「悪質な詐欺師およびいかさま師」であるとして、国外追放を要求した。二回目の公判はメディアにも大きく取り上げられ、レインのロンドンの家から「フランス製の避妊薬」が、診療室からは「卑猥な水彩画」が見つかったと報じられた。レインの「生徒」であり後援者のエイミー・ネトルトンと名乗る女性がレインに宛てた手紙の束も、証拠として提出された。

レインの弁護士は、次のように弁護した。まず水彩画は、レインに感謝した患者からの寄贈物である。避妊薬は、無事に治療を終えた別の患者が、もう必要ないと置いていったものである。そして手紙は、少なくともその一通に、エイミー・ネトルトンがみずからを「神」と署名している点をみても、証拠として信用性に欠ける。

レインの支援者の中にはあれこれ詮索する者もいたが、心強い味方もたくさんいた。たとえば、元ラグビー校の校長で当時はリバプール司教となっていたデイヴィッド博士、リバプール大学のH・H・シモンズ師、ベンガル総督としてインドから手紙を書いてくれたリットン卿、そして彼の妹ベティ・バルフォア女史などである。しかし、彼らの証言にもかかわらず、判事はレインに一ヵ月の禁固を言いわたし、さらに国外追放を勧告した。レインは証人たちと共に、最後にある提案をして認められた。それは、禁固刑も国外追放も免れるために、自主的に出国する、という案である。

四ヵ月後の一九二五年九月五日、パリにあるアメリカ病院でレインはこの世を去った。チフスと肺炎による心不全だった。看取ったのは、妻のメーベル、娘のポリー、そしてリトル・コモンウェルスの子どもだったジェーン・バードである。二日後、レインはパリ市内のペール・ラシェーズ墓地で火葬された。

19　子どもたちはどうなったのか

子どもたちは、その後どうなったのだろうか。戦争に行った少年たちをはじめ、多くの消息はわかっていない。一九一八年にインドに渡った少年もいたし、田舎へ行って荷車の運転手や労働者として農業を続けた者たちもいた。ラッセル・ブラントはプレストン農業大学に進んだ。ウィリアム・ジョーンズはリトル・コモンウェルスを出たあとは車の修理工場で働いたが、バイクの事故で義足になった。彼は結婚後は、複合企業のアームストロング・ヴィッカー社で働いた。

初期の子どもの一人だったテッド・ダルストンは、戦争から戻って郵便局に勤めた。コモンウェルスで人生が変わったと感謝し、レインに近況報告をよこし続けた。サム・タッカーはデイヴィッド・ウィルスに、コモンウェルスで過ごした時間が人生でもっとも幸せだったと伝えている。一九一八年に除隊したあと、名の通った警官隊に入隊した。その後は、定年を迎えるまで損害保険の審査の仕事を続けた。

エセル・ムーアはレインの息子と結婚した。息子の人生に傷をつけるのではないかと、軽率な結婚にレインもメーベルも快く思わなかった。A・S・ニイルは、レインが息子のレイモンドが教養のないエセルと結婚したとき、ひどく不愉快な顔をしていたのを覚えているという。レイモンドとエセルの間には、少なくとも三人の子どもが生まれた。エセルはよい母親になり、編み物の手を止めることがなかった。メーベルは孫ができたことで、二人の結婚に満足するようになった。結婚するまでは、エセルはロンドンのセルフリッジ・デパートで働いていた。営業部門で見習いタイピストとしての仕事をレインが見つけてやったのだった。

シシー・ショーターは、長らくレイン一家と暮らした。よくエセルと口論になり、仕事を何度も変え、エスペラント語を習った。郵便配達人とつき合ったときにはレインに止められたが、一九二七年には幸せな結婚をしていることが報告されている。

ジェーン・バードはイザベル・マージソン女史の家政婦として働いていたが、コモンウェルスに戻りたいとミス・ベイズリーに何度もせつない手紙を書いている。一九二七年に妊娠し、未婚の母のための施設に入った。そこからも、今度はしっかりした前向きの手紙を送り続けている。その間、ベティ・バルフォア女史が彼女を支援した。そしてジェーンの子どものための衣類はエセルが届けた。その子はジョイス・ベティと名づけられた。

ベラ・グリフィンは、デットフォードの祭りでエレンが見かけたのが最後である。そのときは二人の兵士と、あまり評判のよくないヘッティーという少女と一緒だった。革縫いの仕事に戻り、デットフォードのブロードウェイ映画館に頻繁に出入りしていた。すっかり街の生活に戻っていたようである。

そして、エレン・スタンリーはどうなっただろうか。リトル・コモンウェルスでは頭の切れる「裁判官」で、年下の子どもにとっては尊敬する「母」であり、レインとミス・ベイズリーが頼りにしていた、あのエレンである。彼女はコモンウェルスが閉鎖するときには、「去るのが本当につらい」とミス・ベイズリーに話していた。まずはロンドンのセント・パンクラス保育所に仕事を見つけ、のちにマックス・プラウマン夫妻のもとでベビーシッターとして働いた。このころにミス・ベイズリーに送られた手紙からは、綴りは間違っているが、自信に満ちた順調な生活だったことが読み取れる。その後、ジョーという男性と結婚し、男の子が生まれた。それからの手紙は、何度も番地は変わったが、彼女が子ども時代を過ごしたのと同じデットフォードの通りから送られた。エンピツの走り書きで、申し訳なさそうに書かれた手紙だった。あるときは、買い戻してほしいと質札が同封されていた。夫にロンドン・ブリッジで鉄道の仕事が見つかったため、質に入れたスーツが必要とのことだった。

レインとミス・ベイズリーは、エレンを経済的に支援した。彼女は子どもが二歳になると、ロンドン下町の幼児施設マクミラン・ベビー・キャンプ[1]で仕事を見つけた。盗みに逃げることなく、前向きに仕事を探したのだ。そのために必死に手紙を書いた。彼女は子ども時代の貧しい生活に戻っていた。しかもそれは、コモンウェルスに送られたときに住んでいたのと同じ通りでの生活だった。

一九二〇年代は失業率が高い時代だった。一九二一年から一九二二年にかけての冬は、イングランドとウェールズでは二〇〇万人に仕事がなかった。心ある判事、社会福祉士、教師、心理学者たちが、見放された人々の治療に力をそそいだ。物質的そして精神的な貧困は多くの犯罪者を生み、彼らを更生させるの

1　Macmillan Baby Camp：アメリカ人のマーガレットとレイチェル・マクミラン姉妹によって、ロンドンの下町デットフォードに設立された子どものための施設。劣悪な環境に暮らしていた子どもの教育および衛生環境を改善する目的で運営された。

は容易ではなかった。

しかし、内務省から送られた数名を除いては、リトル・コモンウェルスの子どもたちは昔の状態に戻ることはなかったようだ。レインの助けによって、スラムの束縛から解放されたのである。自尊心を手に入れ、自分でものごとを決められるようになり、よい人間関係を築けるようになった。子どもたちはお互いに連絡を取り合った。そして、レインやミス・ベイズリーとも連絡を取り合い、あのやっかいで、騒々しくて、活気のある五年間で培った家族意識を大切に守り続けたのである。

20　ホーマー・レインの後継者たち

ローレンス、ブレイク、ホーマー・レイン
イングランドを癒した三人は
今ではまるで銅像のよう
再び我らの手をとることはない。

ポルノに耽ったローレンス
歌に狂ったブレイク
そしてホーマー・レインといえば
トゥイッケナム[1]のバプティストに首を取られた。
（W・H・オーデン「二二番目の詩」『詩集』一九三〇年から[2]）

1　Twickenham：ロンドン南西部の特別区にある町。
2　W.H.Auden（一九〇七－一九七三）：イギリス出身でアメリカに移住した一九三〇年を代表する劇作家、詩人。その作品の多くが、知性や道徳、また内なる世界を題材にしている。

イギリス出身の詩人W・H・オーデンは、一九二八年にベルリンで知り合った友人ジョン・ウィロビー・レヤードから、レインの生涯と理論を聞いた。

一八九一年に生まれたレヤードは、ケンブリッジ大学で中世および近現代の言語を研究した人類学者である。卒業後、一九一四年から翌年にかけて、ニュー・ヘブリディーズ（現在のバヌアツ）のマレクラ島で文化人類学の調査の指揮をとった。（一九四二年に『マレクラの石の男』（原題：*Stone Men of Malekula*）が出版されている。）調査団の中には、心理学者として有名なW・H・R・リバースもいた。のちに、戦争詩人のジークフリード・サスーンとウィルフレッド・オーエン[3]を砲弾ショックから救った人物である。

ニュー・ヘブリディーズから帰国したレヤードは神経が衰弱し、身体麻痺になった。それを救ったのがレインである。

レヤードは健康を取り戻したものの、字が書けるまでは回復しなかったため、レインの死後は新米の精神科医に助けを求めてウィーンを訪れた。一九二六年に今度はベルリンに移った。レヤードはそこでマレクラ島の調査で知り合ったリバースから、オーデンを紹介された。リバースとオーデンが知り合いだったのは、オーデンの父で医者のジョージがリバースを尊敬していたからである。

3　Sigfried Sassoon（一八八六–一九六七）、Wilfred Owen（一八九三–一九一八）：共にイギリスの詩人。第一次世界大戦で自身が見聞きした悲惨な体験を綴った戦争詩で有名。オーエンはサスーンから大きな影響を受けている。

レヤードはレインに深く感銘を受けた人物だ。あまり知られていないが、『親と教師に語る』の出版のために、レインの講義記録を集めたのは主に彼である。出版はされなかったが、二冊目の講義集に尽力したのもレヤードだった。あちらこちらに散っている原稿を集めて、筋が通るように編さんするのは、骨の折れる作業だっただろう。しかもその多くは、後世のことなど考えない男が適当にタイプ打ちしたものである。

心理学の面でいえば、レヤードは、徐々にフロイトからユングへと移行したレインの理論に沿って、みずからも患者を診るようになった。一九四四年に出版された彼の著書『ウサギの女』（原題：*The Lady of the Hare*）は、精神分析者の考えとそれを受ける人の反応について初めて書かれた書物だといわれている。夢の持つ治癒力についての研究をまとめた本である。（同時に、野ウサギにまつわる伝説がわかる本でもある。）

レヤードは、ときにはレインを批判した。たとえばレインが亡くなるころには、ちょうど否定的な転移を彼に向けていた。レインが女性の患者と関係があったとも疑っていた。

しかし、それがどんな内容だったにしても、オーデンにとっ

41　レヤード著『ウサギの女』の表紙のイラスト

ては興味深い話だっただろう。一九二八年にオーデンとレヤードが初めて会ったとき、二人の会話は何時間も続いた。そして、その後しばらくは、オーデンにとってレインは、壮大で、評判がよくなく、何をするかわからない、つまり権威に立ち向かう代表的人物の一人となったのである。人間の欲求は悪いものではなく、それを抑圧することが心身の病を生むというレインの考えに、オーデンはのめりこんだ。オーデンのノートには、「『善行は幸福のもと (Be good and you will be happy)』は大きな間違いである。正しくは『幸福は善行のもと (Be happy and you will be good)』である」とメモされている。

一九二八年八月に、ベルギーである心理学者と謎の三週間を過ごしていたことからも、オーデンは同性愛の感情を隠しもっていたと考えられる。しかし、レヤードに出会ってからは、ベルリンで街や酒場を楽しむようになり、「レヤードが次々と新たな考えを私の頭に与えてくれる」と書き残している。

オーデンは学生のときからフロイトについては知っていた。父親がフロイトの本を持っていたからだ。しかし彼にはレインの理論のほうが合っていたようで、夢中になった。オーデンの作品の研究者であるエドワード・メンデルソン教授[4]は次のように述べている。

「レインの理論は性の本能を展開させたものだが、フロイトは荒削りで秩序のないイド[5]をまったく信

4　Edward Mendelson（一九四六-）：コロンビア大学の教授。専門は近代英米文学および比較文学。オーデンの遺言執行者で、オーデンの作品にかんする著書や編著を出版している。

5　id：フロイトが提唱した精神分析の用語。人が生まれつき持っている、本能的な衝動（リビドー）や欲求の源泉ともいえる無意識の層。

用しなかった。（略）フロイトがめざしたのは、患者の苦しみを、一般的に人が持ちうる精神的苦痛のレベルまで軽減させることだった。一方、レインは幸福と自由を約束した。」

こうしてレヤードを通して、レインはしばらくのあいだオーデンの理想の人物となり、一九二〇年から一九三〇年にかけて彼の著書で頻繁に触れられている。『教皇の敵』（原題：*The Enemies of a Bishop*）ではレインが主役だし、一九三七年のマックニース[6]との共著『アイスランドからの手紙』（原題：*Letters from Iceland*）にも登場している。しかし、オーデンが描く主人公たちは、レインの運命がそうであったように（「トゥイッケナムのバプティストに首を取られた」という文に表れているように）、はかない人物だった。

レインの頼もしい後継者の一人はA・S・ニイルだった。一九二〇年にニイルが書いた『まよえる教師』（原題：*Dominie in Doubt*）は、お世辞かと思うほどのほめことばでレインに捧げられている。この本には、教育、心理学、そして生活全般についての思索が収められている。靴屋のドービット・トッドの素朴な知恵と、町の金持ちたちについて、ユーモアたっぷりに忠実に描写している。謝辞にはこう記されている。

「ホーマー・レインに捧ぐ。彼の話を初めて聞いたときに、自分が教育について何も知らないことを思

6　Louis MacNeice（一九〇七–一九六三）：アイルランド出身のイギリスの詩人、劇作家。社会に目を向ける若い詩人が集まるグループでオーデンと出会った。

い知らされた。彼には多くの借りがあるが、しかしこの本の内容は彼の影響によるものではないことを、教育者である読者のみなさまにはお伝えしておきたい。彼のすばらしい理論を、私は完全に理解することができないのである。」

ニイルの功績は、彼の著書ではない。もちろん世に影響を与えた本もあるが、一番の功績はサマーヒル・スクールである。一九二一年、ニイルはのちに妻となるリリアン・ノイシュタッター[7]と、ドイツのドレスデン郊外のヘレラウに国際学校を始めた。この学校はその後、オーストリア中部の小さな町ソンタークベルクの山の上に移された。

ニイルのイギリスでの最初の学校は、ドーセットの海辺の町ライム・リージスにある、サマーヒルという名の屋敷で開かれた。その屋敷は、リリアンの姉で小説家のヘンリー・ヘンデル・リチャードソンと、彼女の夫ジョージ・ロバートソンの休暇用の家だった。その後、イングランド南東部サフォーク州の小さな町レイストンに移ってからも、学校の名前は変えなかった。

サマーヒルの最初の生徒の一人は、オリーブ・レインだった。リトル・コモンウェルスの閉鎖後、ホーマー・レインと妻メーベルが養子にしたモンテッソーリ部の子どもである。レインの死後、オリーブはニイルとリリアンの養子になり、サマーヒルの生徒となった。

サマーヒルには、環境に適応できない中流階級の子どもたちが次々と集まった。はじめのうちは、ニイ

---

7 Lilian Neustätter：ドレスデンに夫と息子と暮らしていたが、第一次世界大戦でイングランドに疎開。息子をロンドンのキング・アルフレッド・スクールに入れ、そこでニイルと出会う。

ルの子どもたちへの対応は、フロイトの理論にホーマー・レイン、アルフレッド・アドラー[8]、ウィルヘルム・シュテーケル[9]の考えが混じったものだった。（ニイルはオーストリアでシュテーケルに診てもらったことがある。）ニイルは「プライベート・レッスン」と呼ばれる方法でみずからの学校の子どもたちを分析していたが、「『聴罪師』を兼ねた大人といっしょでは、子どもたちのためにできることは限られている」と気づき、「プライベート・レッスン」をやめた。また、彼

8　Alfred Adler（一八七〇‐一九三七）：オーストリアの心理学者、精神科医。精神の病はフロイトのいう幼少期の性の葛藤が原因ではなく、社会と文化的背景に原因があると考えた。「劣等コンプレックス」の概念を紹介した人物。

9　Wilhelm Stekel（一八六八‐一九四〇）：オーストリアの精神分析学者。

42　ライム・リージスにあったときのサマーヒル・スクール

の考えはフロイトからウィルヘルム・ライヒ[10]へと変わっていった。

よく知られているように、サマーヒルでは子ども自身が授業に出席するか否かを決める。しかし、毎週ひらかれる全校集会には参加することが求められた。学校のきまりはこの全校集会で決められた。ニイルがめざしたのは、子どもを学校に合わせるのではなく、「子どもに合わせた学校」だった。そして、さらによく知られている目標が、子どもたちの実体験である。彼の方針は、次第に公立学校にも影響をおよぼすようになった。学校は、古めかしくて、罰を重んじる権威的な雰囲気から、自由で、子どものことを考えた環境へと変わり始めたのである。

作家のエセル・マニンは、ニイルが帰国して再開したライム・リージスの学校を訪れたことがある。ニイルの著書『問題の子ども』(原題：*The Problem Child*)を読んで、五歳の娘をサマーヒルに入れたいと考えたからだ。今では取り壊されているが、学校は町からチャーマス通りを上がった高台にあった。時間通りについたマニンは、手入れのされていない芝生を横切り、黒とオレンジ色に塗られたドアの前に立った。

「中をのぞくと、漆喰の玄関の壁に、それまで見たことのないような野性的で近未来的な絵が描かれていました。色の塗られた床には椰子のマットが敷かれていました。」

10　Wilhelm Reich（一八九七─一九五七）：オーストリア生まれの精神分析学者。ウィーンでフロイトの助手だったが、ナチスの迫害から逃れてアメリカに亡命。フロイトとは逆に、人は性の抑制から解放されるべきという考えを展開した。

入り口のベルを鳴らすと、出てきたのは黒髪で、裸足にサンダル姿の若い女性だった。オリーブ・レインだった。居間にも絵が描かれており、グランドピアノの上には、ジャムのビンにさした野の花が飾られていた。立てつけのよくない棚は、あらゆる種類の本で溢れていた。子どもは一人も見当たらなかった。ちょうど海に泳ぎに行っていたのである。

こうしてマニンはニイルと出会い、二人は友人となる。彼女は一九三八年に実話を元にした小説『ローズとシルヴィ』（原題：*Rose and Sylvie*）を書いた。メイドをしている少女ローズは、雇い主の娘シルヴィを連れて家出をする。ローズは誘拐の罪で起訴され、マニンの小説では「ロングメドウ」という名の非行青年のための更生施設に送られる。そこの責任者はロジャー・ホリバックという「ホーマー・レインの意志を引き継ぐ」人物である。

「ホーマー・レインは、子どもは生まれたときには善良だが、道徳教育によって悪を教えられていると信じる天才であった。彼にとって愛とは許しである。彼がこの世を去ったあと、人々は果てしなく続くと思われる不安の中に残された。彼のいない世界は、もはや健全ではなく、光が射すこともないからだ。」

エセル・マニンはリトル・コモンウェルスを一度も訪れていないが、閉鎖したあとにリットン卿と手紙を交換している。彼女は「ロングメドウ」の中に、非行青年に対するレインやニイルのかかわり方を描こうと試みた。ホリバックは少年裁判所に出向き、とても貧しいジプシーのような家庭で育ったローズを、自分の施設に引きとる。そこでは午前は授業もおこなわれるが、手作業がもっとも大切にされている。そしてホリバックは、尽きることのない愛情と理解をもって子どもたちとかかわるのである。彼の方針には心理学が導入されており、子どもと一対一で話す形式がとられていた。その方法はたいていの子どもに効果的だったが、とりわけローズには合っていた。こうして彼女は性愛に対する恐怖を克服するのである。「ロングメドウ」がリトル・コモンウェルスよりサマーヒルをモデルに描かれているのは明白である。サマーヒルについては、マニンは以前の作品『緑の柳』（原題：*Green Willow*）と『常識と子ども』（原題：*Common-sense and the Child*）でも扱っている。

もう一人レインの考えを引き継いだ人物が、彼の伝記を書いたデイヴィッド・ウィルス（一九〇三—一九八〇）である。彼はミス・ベイズリーがリトル・コモンウェルスについて書いた本と、『親と教師に語る』でレインを知った。どちらの本も一九二八年の出版である。

ウィルス自身は幸せな初等教育時代を送っておらず、「兄弟」と呼んでもらえるような農場での集団生活の経験もなかった。多くの人を幸せにすることに熱心で、イギリス人としては初めてアメリカで精神医学社会福祉士の資格を取り、四年間、成人教育に携わった。ホーマー・レインの人生との出会いは、絶妙なタイミングだった。ちょうどそのころ、ウィルスは問題を抱えた子どもの対応方法について独自の考えを展開させていたのだが、協力してくれる人などいないと感じていたからだ。

同僚の一人と共に、ウィルスは問題を抱えた子ども、とりわけ若い犯罪者を癒すための環境づくりを計画した。その案は、一九三五年にクエーカー教の週刊誌「ザ・フレンド」に掲載された。記事をきっかけに、エセックス州の更生施設Qキャンプの役員会の議長をしていた精神分析者のマージョリー・フランクリン博士[11]から連絡があった。Qキャンプの Q は探求（Quest）あるいは質問（Query）の頭文字で、グリス・パイオニア[12]から派生した団体である。グリス・パイオニアは、そのマニュアルによると「失業者による創造的な生活の試み」と説明されている。若者たちが郊外に木造の小屋を建てることで技術を身につけ、そして仕事や住む場所を見つけていく。

Qキャンプ[13]も同じような流れだが、より社会に適応できない、たとえば保護観察下に置かれているような若者を対象としている。Qキャンプはエセックス州のグレート・バートフィールドに場所を決め、その一つめの施設ホークスパーの代表者にウィルスが任命された。サンドウィッチ伯爵が支援者となり、リトル・コモンウェルス基金からも一〇ポンドの寄付が送られている。ウィルスの著書『ホークスパーの挑戦』（原題：*Hawkspur Experiment*）には、ミス・ベイズリーがリ

11　Marjorie Franklin（一八八七―一九七五）：イギリスの精神分析者。もとは精神科医だったが、のちに精神分析学に関心をもち、非行青年を研究・支援するのための施設を開設。のちに社会への適応が難しい青年のためのQキャンプを創設。刑罰改革同盟に長くかかわった。

12　Grith Pioneers：一九三〇年代にイングランドで起きた進歩的教育運動グリス・フュルド（Grith Fyrd）をきっかけに開かれた、無職の若者のためのワークキャンプ。農業を中心とした自治共同体で、若者が自立に必要な技術を身につけることを目的としている。小規模な組織で、一〇年足らずのうちに消滅した。

13　Q Camp：エセックス州に設立された自治共同体。一九三六年に成人を対象に始められたが、開戦とともに閉鎖。その後、問題を起こした子どもの更生施設として引き継がれた。自治生活と作業が重視されていたが、健康面と安全性が問題になり、閉鎖される。

トル・コモンウェルスについて書いたのと同じように、この新しく大胆な試みについて、実際の様子が描かれている。生活は質素で、共同作業が療法の一部だった。ウィルスはその資格を持っていたにもかかわらず、みずから少年たちを精神分析することはなかった。ウィルス自身がそう書いているように、彼は心理学者でも科学者でもなく、敬虔なクエーカー教徒だった。精神分析の必要があれば、専門機関に協力を依頼した。そのために毎週ロンドンまで通う少年もいた。それでも少年たちの「転移」は、良くも悪くもウィルスに向けられた。ホークスパーで「感情の渦」の中心に立たされたのはウィルスだった。ある少年は、施設を去るときにウィルスのもとにやってきた。

「彼はさまざまな形、長さ、色のエンピツを三〇本、ごく短い端切れから新品の長いものまでを持ってきていった。『ほら。返してあげてもいいよ。』それまでの数ヵ月間、彼は自分を安心させるために、エンピツを盗むという形で私の愛情を受けようとしていたのだ。しかし、もうそのようなことはしなくてよくなったと彼自身が感じたのだろう。」

日常のあれこれを決めるのは少年たちで構成される委員会だったが、それよりも重要なことがらを最終的に決定するのは大人たちだった。重視されたのは自治よりも共同責任だった。責任を共有することで、一人ひとりに自信がつき、それぞれの負担が軽くなるからである。繊細な若者が多いため、緊張を軽減する目的もある。柔軟性を伴った方法であったため、一九一六年にリトル・コモンウェルスで起きたようなマンネリ化の危険性も少ない。自然にグループ療法へとつながるやり方でもあった。

ホーマー・レインも、この方法を重視していた。彼がそのように説明することはなかったが、リトル・コモンウェルスの全校集会は、グループ療法に非常に効果的だった。参加者はだれでも同じように意見や不満を述べることができ、他人の言動について話し合い、そして人の意見に耳をかたむける。ミス・ベイズリーは、リトル・コモンウェルスの話し合いは「グループ分析ができる場」だと書いている。家族のような寮生活を過ごしていたため、より個人的に感情を表現できる機会もあった。

達成感のある仕事も療法の一つだった。それは、レイン自身もおそらく気づいていたように、彼のプロテスタントとしての考えによるものだった。コモンウェルスではそれらの仕事が経済システムの中心に置かれており、子どもたちは働き手として、あるいは消費者として、そのシステムにかかわった。そこには子どもたちの共同責任が伴う。子どもたちは、とりわけ何かを実行に移すときには、レベルの高い意見を出し合った。レインが描く展望にサンドウィッチ伯爵の細部への気配りが加わって、独特の組織がつくられていたのである。そしてなにより、レインの子どもたちに対する、見返りを求めない愛情があった。それは一部の子どもたちにとって、生まれて初めての信頼できる愛であった。大切なのは愛情だった。

ウィルスの著書『バーンズ・スクールの挑戦』（原題：*The Barns Experiment*）によると、彼が次に始めたのは、バーンズ・ホステル・スクールである。場所はスコットランド南東部の町ピーブルズ近郊で、疎開してきた八歳から十四歳の少年たちのためのコミュニティだった。

「共同責任は、ここでもっとも大切にしている手段、つまり愛情から生まれているにすぎない。何より大切なのは、子どもたちが、自分はいつでも愛されていると感じることである。」

しかし、実際はそう簡単なことではない。

「『子どもが大好き』というだけでは十分ではない。それだけならば、だれにでもできる。問題は、食事のマナーがひどいジョニー・ジョーンズを『大好き』になれるかだ。あなたの向かいに座って口いっぱいに食べ物をほおばり、大きく口を開けながら食べ物を噛み、かと思えばゲラゲラと笑い出し、食べ物が詰まった大きな口からげっぷをするようなジョニーを好きになれるかである。そう、問題は、見ていて気分が悪くなるような、鼻水をたらしっぱなしのウィリー・スミスを『大好き』になれるかどうかなのだ……」

このような少年たちの相手は、感傷的にできる仕事ではなかった。バーンズ・スクールが閉鎖されてからも、ウィルスはいくつかの似たような場所で働いたが、彼のいちばんの実績は、やはりホークスパー・キャンプだった。ウィルスとフランクリンというまったく異なった経験を持つ二人がつくったホークスパー・キャンプは、環境療法[14]の最初の実践例である。

一九六四年、デイヴィッド・ウィルスはレインの伝記を出版した。これは彼のレインへの恩返しでもある。その伝記の抜粋が、アナキストたちの月刊誌「アナキー」の同年四月号に掲載された。そこにはA・S・ニイル、アンソニー・ウィーバー、「アナキー」編集者「ジョン・エラビー」ことコリン・ウォードによる、レインにかんする記事も寄せられた。この特別号をきっかけに、意見や経験を交換したり、研究や出版の援助を目的とする、ホーマー・レイン協会が発足した。しかし、そのいちばんの目的は、精神的あるいは社会的に侵害された子どもたちのために、ホーマー・レイン・トラストがあらたな生活共同体を設立するための支援だった。その共同体とは、デイヴィッド・ウィルスの理論と方針のもとに設立される

14　Planned Environment Therapy：フランクリン博士の造語。最初の実践者はウィルスといわれる。

予定だった。ホーマー・レイン協会は長くは続かなかったが、学校は設立され、ホーマー・レイン・トラストは一九九〇年代後半まで存続した。（ウィルスの提案で、一九七九年にホーマー・レイン・トラストは、同じ目標をいくつも掲げていた環境療法トラストと合併し、現在も活動が続いている。）

A・S・ニイルは自伝の中で次のように書いている。

「レインの人生で残念なのは、問題を抱えた子どもにかかわった偉業よりも、スキャンダルの印象が強くなってしまったことである。私の若かりしころは、オスカー・ワイルドは機知に富んだ劇作家ではなく、同性愛者として知られていた。スキャンダルは、その人の業績そのものを消し去ることはできないが、本人が生きているあいだは人々からその印象を消してしまうものである。」

レインは長らくサビきった鉄のように世間から忘れられていたが、それでも彼は気にしなかった。レインはその瞬間を生きる人だった。彼自身は先のことは考えてはいなかったが、しかし彼の理念は生き続けたのである。

21 リトル・コモンウェルスはいま――ヒルフィールド修道院

こうしてリトル・コモンウェルスは永遠に終わった。しかし、その後もサンドウィッチ伯爵はめげることなく、フラワーズ・ファームを人の役に立てようと考えた。ホッジという名の管理人を置き、一九一九年九月まで農業および漁業委員会に貸し、元兵士が農業をおこなった。その事業はドーセット州議会が管理をして、三年後には買い取る話も持ち上がった。しかし、議会は早期に賃貸契約から手を引いてしまった。政府からの支援が打ち切られたため、計画を断念せざるを得なくなったからである。

そこでサンドウィッチ伯爵は、宗教目的の利用を考えた。その結果、フラワーズ・ファームをジャイルズという人物に貸すことになった。彼はオックスフォード州の聖ヨハネ英国国教会から布教の旅に出る合間に、休息を兼ねてときどき旅人と一緒にフラワーズ・ファームに滞在し、働いていた。彼は若いころにカトリック教フランシスコ会の修道院に入り、その後は布教の道を歩んできた。彼の最終目標は、旅人を迎え入れる共同生活体の設立だった。第一次世界大戦後、路上には多くの元兵士があふれていた。戦争での経験がトラウマになっている者や、深刻化する不況の影響で失業した者も多かったのである。

こうしてフラワーズ・ファームは一九二一年九月二九日から七年間、通称ジャイルズ修道士と呼ばれていたエドワード・イヴァンスに貸すことになった。この新しい団体は、はじめのうちは、英国国教会アッシジ聖フランシスコ信徒会と呼ばれていた。修道士たちがめざしたのは、放浪者が一時的あるいは長期的に滞在し、農業に従事しながらキリスト教の精神を取り戻したりキリスト教に改宗したりできる、生産的な施設だった。サンドウィッチ伯爵が資金集めの代表を務め、まもなく信徒会に一〇〇〇ポンドを貸す用意ができた。おそらく彼は昔を思い出したことだろう。経済状況はきびしく、ジャイルズは経験のない農作業に疲れ果てた。おまけに旅人たちは、いつ来ていつ出て行くかわからなかった。そんな状況の一方で、ジャイルズは教団としての共同体もめざしていた。

ある日、ジャイルズが姿を消した。その直後に農場に滞在した小説家のマーティン・ボイド[1]によると、理由はちょっとした性的な過失だった。詳細は語られなかったが、何であれ、現在より厳格だった当時には許しがたいできごとが起きたのだろう。ジャイルズを非難したメイジャー・ロイドというのは非常に堅苦しい人物で、サーンアバスにある石灰岩の丘の斜面に描かれた巨人の男根像を撤去しようとしたこともある。しかし、ボイドは回顧録の中で、メイジャー・ロイドが駅に向かうジャイルズに付き添い、涙を流して見送ったと記している。

ジャイルズがいなくなると、農場はとても不安定な状況に陥った。しかし、ジャイルズは短期間のあいだ

1　Martin à Beckett Boyd（一八九二–一九七二）：オーストラリアの作家。第一次世界大戦後ロンドンに移住し、心の癒しを求めて一九二三年にフランシスコ修道会にやってきた。このことを回顧録 *Day of My Delight* に記している。

だに修道院としての基盤は築いていた。旅人たちを「兄弟」と呼んだり、食事を全員で一緒にとるといった現在も続いている習慣も、すでにできあがっていた。それらはどれも簡単な行為ではあるが、日常の生活に大きくかかわる習慣である。

ジャイルズのあとは、ダグラス・ダウンズが継いだ。貧しい人々に対する思いやりはジャイルズと変わらなかったが、ダグラスは司祭だったにもかかわらず、教団をつくるという考えは引き継がなかった。サンドウィッチ伯爵が反対しなければ、フランシスコ修道会とのつながりも断ち切っていたであろう。それでもダグラスのもとで組織は徐々に大きくなり、一九二四年の暮れに農場を手放してからは経営面でも上向きになっていった。

ダグラスは旅人にも厳しかった。その一方で、そこに滞在したことのあるすべての旅人、そして路上で寝起きする旅人のために、夕食後に祈りを捧げることも始めた。修道士たちは布教に出かけ、浮浪者であふれかえる街の簡易施設の惨状を報告し合い、状況改善のために積極的に動いた。一九二八年、彼らはシャーボーンに新しくフランシスコ修道会の施設を開設した。アルジー修道士のもと、もう一つの別の信徒会と合同でつくったこの修道会は、聖フランシスコ会の最初の修道会となったのだった。

修道会はリトル・コモンウェルス基金の支援を受け続けた。一九二一年二月に、残っていた役員会のメンバーが集まり、コモンウェルスを閉鎖する際に土地などを売ってできた余剰金の使い道について話し合っていたのだった。（そのうちの一〇ポンドは、ある問題にまきこまれたリトル・コモンウェルスの少女を産院の仕事に就かせるために使われた。）

聖フランシスコ会の施設は、毎年コモンウェルス基金から支援を受け取った。コモンウェルスの敷地にあるのだから、彼らには当然その権利があるというのが役員会の考えだった。一九三一年には電話を設置した。

ほかにコモンウェルス基金の支援を受けていたのは、イギリスのソーシャルワーカー、レイラ・レンデルの施設コールデコット・コミュニティだけだった[2]。この施設については、サンドウィッチ伯爵が一九三一年四月二五日にセシル・チャップマンに宛てた手紙の中で、「リトル・コモンウェルスとモンテッソーリの流れを引き継ぐ、唯一の実際に運営されている場所」だと伝えている。

フランシスコ修道会も、問題を抱えた子どもたちを救う活動を始めた。一九四〇年、かつて寮として使われた建物の一つヴェロニカ・コテージ（現在ではジュニパーという名前に変わっている）に、少年鑑別所から八歳から十七歳の少年十四人が送られてきた。少年たちは、裁判がおこなわれるまで、あるいは少年院に空きができるまで、数日から数ヵ月滞在した。修道士たちは、彼らが自信と自尊心を取り戻すのを手伝った。少年たちの世話を主に任されていたのはオーウェンという名の修道士だった。その仕事を続けるうちに、彼は一〇歳前後の非行少年たちのために学校を設立したいと考えた。オーウェンが修道会を初めて訪れたころは、そこにいたのは主に十八歳から三〇歳の失業者たちで、その多くが環境に適応できず、知的レベルも平均より低い者たちだった。しかし、少年たちを相手にするうちに、彼は修道会の活動は、

2　Leila Rendel（一八八二—一九六九）：イギリスのソーシャルワーカー。正しい環境があれば、子どもは本来あるべき姿に成長するという考えのもと、一九一一年、二八歳でコールデコット・コミュニティを設立し、一九六七年まで運営した。

若い少年たちの救済にもっとも効果をもたらすと考えるようになったのだった。

オーウェンはフラワーズ・ファームから二〇キロほど西のビーミンスター近くにフック・コートという名の、理想的な場所を見つけた。そこはかつて、(先代の)第八代サンドウィッチ伯爵が所有していた屋敷だった。(そしてフラワーズ・ファームは、彼の狩りのための小屋だった。)文部大臣が資金の半分を前払いし、英国国教会の国民協会が残りの半分を貸してくれることになった。こうしてフック・コートは、一九四四年に改定された教育法の条項による、最初の特別学校として聖フランシスコ学校という名称で開校した。それは、「すべての子どもはそれぞれに合った教育を受けるべき」という条項である。

学校はビーミンスターの村に近く、オーウェンはオープンデーを開催したり地元の催しに参加するなど、地域とのつながりを大切にした。それはオーウェンが二〇年以上、田舎で評議員を務めていたからだろう。レインはリトル・コモンウエルスと地域のかかわりをつくろうとはしなかった。それはフラワーズ・ファームがへんぴな場所にあったからか、それともリトル・コモンウェルスが将来、一つの独立した組織になると見越していたからかもしれない。

フック・コートは大きな屋敷だった。はじめは物が揃っていなくて、ある女性教員の部屋にあったのは、ベッド、旅行カバン、ろうそくだけだった。トイレはイラクサの茂みの向こうだった。ミサは毎日おこなわれた。そのような限られた状況の中で過ごすうちに、職員と修道士の仲は近くなっていった。少年たちは年齢別に三つの建物に分けられた。その中には、ジュニパーからまだどこにも送られずに残っていた六人の少年も含まれていた。技術を身につける授業と学問的な授業があり、必要であれば補習もおこなう。しかし、学校のいちばんの目的は治療だった。当然のことながら無断欠席は多く、部外者の目には規則がゆるく、秩序も乱れているように見えたかもしれない。しかしレインと同じように、オーウェンも一貫して少年たちの味方につき、彼らの自立をゆっくりと見守った。レインが子どもたちの「お父さん」だったように、オーウェンもフック・コートの少年たちの間では「オーウェン神父」と呼ばれていた。

ヨーロッパにおけるフランシスコ修道会の歴史を綴った『貧しき集団』（原題：*This Poor Sort*）の中で、著者のペタ・ダンスタン[3]は彼らの学校を次のように描写している。

「子どもと大人が共に働き、遊び、暮らす様子は、まさに完全な生活共同体で、そこには独自の文化がある。そこでは見せかけやごまかしは通用しない。子どもも大人も（教師だけでなく親も）それぞれ何かしらの傷は持っているのだという共通認識があるのだろう。生活を共にすることが、そこにいるすべての人によい影響をもたらすのである。」

宗教も外から押しつけるのではなく、日々の生活に取り入れられた。それでいて、オーウェンの教育は型にはまらないものだった。あるとき彼は、ずる休みの常習犯を、修道士の一人と共にヒッチハイクの旅に送り出した。また、盗み癖が治らない子どもには高価な贈り物をした。そのプレゼントが盗まれたとき、その子は大切なものを失う痛みを学んだのである。

フック・コートの学校は、オーウェンの名前なくしては語れないだろう。一九六六年に彼が校長を引退すると、そのあとを次いだのはアンセルム修道士だった。彼はそれまでに、さまざまな教育経験をつんでいた。創立者がいなくなっても学校が存続するように、細心の注意が払われた。アンセルムがいくらか変

3　Petà Dunstan：ケンブリッジ・セント・ジョン・カレッジの神学部の教員、司書。

えた点はあるが、この聖フランシスコ派の学校は基本的には変わらなかった。一九七六年にオーウエン神父が脳卒中を患って修道院に戻ると、かつての教え子が次々と会いに来た。

一九八一年、オーウェンは亡くなった。学校は一九七九年からは宗教と無縁の校長を迎えて続いたが、新たな教育法が制定されると存続が難しくなった。そして一九九二年、ついに閉校を余儀なくされた。

43　ヒルフィールド修道院の礼拝用の座席に施された装飾「子どもたちを私のところに来させなさい。」(新約聖書，マタイの福音書19より)

フラワーズ・ファームの施設は、一九七六年にヒルフィールド修道院と名称が変えられ、現在は、フランシスコ修道会が運営する穏やかな施設である。旅人の姿は見なくなったが、薬物やアルコール依存、精神衰弱、そのほかの深刻な問題から立ち直ろうとする若者を受け入れている。それぞれの時代のニーズに合わせながら存続しているのである。かつて寮だったジュニパー・ハウスは、ヘルパーたちが食事をとったり、医者やソーシャル・ワーカーが寝泊りするのに利用されている。ホーマー・レインが始めた人を癒す仕事は、その地で今日も続けられているのである。

付録1

新施設創立趣意書

ポートマン・スクエア八番地
ロンドン

親愛なる（固有名称）様

初めてこの場所で会議を開いてから、一年以上がたちました。あの日、アメリカのジョージ・ジュニア・リパブリックのような、自治を導入した施設をイギリスにつくりたいと立ち上げた小さな委員会は、その後、人数も増えました。そして今日、私たちは、計画の実現に向けて運営委員会を立ち上げたことをご報告します。

昨年は幸運なことに、サンドウィッチ伯爵よりドーセット州にある農場を無償で借りる契約を交わしました。次のミカエル祭（九月二九日）から実際に使用できます。現場の責任者はハロルド・ラージ氏です。準備資金が集まり、ラージ氏はアメリカでジョージ・ジュニア・リパブリックを訪れ、心理学的な側面と、運営管理について調査をおこないました。彼は、私たちの計画は実現に向けて進められると報告してくれました。

施設の概要について

私たちがめざすのは、更生施設や職業学校の範疇に入れられるか、あるいは保護観察下におかれるような非行少年・少女たちの自治体をつくることです。

私たちが受け入れるのは、保護者や当局から依頼のある子どもたちです。その子たちは裁判所行きは免れるかもしれませんが、法で裁かれるような子と同じタイプの子どもたちです。

身体に障がいのある子もできる限り受け入れますが、てんかんを持っていたり、知的に遅れているなど、明らかに困難だと思われる場合は受け入れません。

ジョージ・ジュニア・リパブリックの方針について

アメリカで十四年前にジョージ・ジュニア・リパブリックがスタートしてから、同じ流れを汲む施設が新たに七つも設立されています。その事実からも、ジョージ・ジュニア・リパブリックの方法は成功しているといえるでしょう。イギリスで同様の考えを持つ人たちは、我が国でも機が熟してきていると考えています。

この施設で見られている成果は、子どもたちの人格が形成され、共同生活を送る中で、社会を構成する一員だという自覚が生まれることです。これらの変化は、その後の人生においても、子どもたちの中に見られます。

これは、ジョージ・ジュニア・リパブリックで導入されている、子どもたちへの対応の結果です。その方法とは、次のように、これまでに試されてきたどのやり方ともまったく異なるものです。

(1) ジョージ・ジュニア・リパブリックにかんすることはすべて、子どもたちの自治で決定される。きまりはアメリカ合衆国の法律に基づいて子どもたちが決める。守られなかったときの判断も、子どもたちがおこなう。

(2)　労働に応じて賃金が支払われる。子どもたちは必要なものは、その賃金で買う。

つねに仕事が用意されているということを除けば、ジョージ・ジュニア・リパブリックは、実社会と同じような仕組みになっています。男の子と女の子が共に生活しているのも、ごく自然な環境です。このような自治と労働から、次のような成果が子どもたちに見られます。

(1)　法と秩序を真剣に受け入れる。その理由として、

(a)　きまりは子どもたち自身が運用しており、大人が強制するものではない。

(b)　子どもたちはいったん賃金を手にすると、その賃金を安全に確保したいと願うようになり、違法なことをする子どもに心を通わせたりしなくなる。

(2)　早い段階で、「働かざる者は食うべからず」と学ぶ。

ご想像のとおり、新しく加わる子どもの中には、しばしば働こうとしない者もいます。そのような子は、たとえ悪事ははたらかなかったとしても、次第に厄介者扱いをされて、子どもたちから訴えられてしまうのです。

イギリスでの実現に向けて

一軒の現存する農家の屋敷が「村」の中心になります。宿舎やそのほかの建物は、人数、そして経済状

況を見ながら、徐々に建てていきます。

子どもの数は、最大八〇名（当初）を考えています。

アメリカでの方法を真似ることから始めますが、基本原則からは外れないようにしながらも、あくまでイギリスの生活スタイルや伝統に沿うやり方で進めるべきだと考えています。

兵舎のように大人数で暮らすのではなく、子どもたちができるだけ少人数のグループに分かれ、家族のようにして過ごすのが、成功への大きなカギです。そのような環境に置かれることによって、大勢の中の一人ではなく、一人の人間として成長できるのです。

農作業のほかに、質のよい学校教育を用意します。必要な技術を教えるための工房も建てます。男の子も女の子も同じように、その子の能力に見合った学習の機会が与えられます。

私たちがめざすゴール

私たちが一貫してめざすのは、一人ひとりの子どもの再教育です。それは、恵まれない環境や間違った冒険心のせいで、これまでは誤った方向に向けられていた子どもたちの生きる力を、正しい方向へ向けさせることです。そして、自治と労働を経験することによって、責任感を持ち、社会の一員としての喜びを感じられるようになることです。

初期計画

当計画を軌道に乗せるためには、スタートが肝心です。そのため、まずはごく少人数で始めます。

農場の屋敷はモダンなつくりで、大人五人と子ども一〇人が十分に暮らせる大きさです。近隣の農場と同じように、私たちの農場も大部分は牧畜用の牧草地です。そのほかに野菜を育てるのに適した土地が一〇エーカー（約四万平方メートル）ほどあります。

契約上の問題がなければ、子どもの数が増えるに従って、牧草地の一部を畑に変えることも考えます。

資金について

当計画には、おおよそ次の費用がかかります。

・資本金

宿舎やそのほかの建物、家具、家畜、そのほかの備品を揃える資本金として、一万五〇〇〇ポンドが必要です。これは、信頼のおける建築士が見積もって出した数字です。

・維持費

綿密な計算の結果、年間の維持費は一人当たり約五〇ポンドと見積もっています。八〇人の子どもがいる場合は、総額四〇〇〇ポンドになります。広大な敷地を維持するための人材、子どもたちに支払う賃金、そして子どもたちの衣食住にかかる実費を考慮すると、妥当な金額だと考えます。

のちに詳細をお知らせしますが、今年（一九〇九年？）の五月にロンドンで公開会議を開いて、進捗状況を報告します。

この手紙に記した計画を実現させるため、ご支援いただければ幸いです。ご友人方にも広めていただける場合は、当計画書の必要部数をお知らせください。
ご支援は以下の方法でお願いいたします。
(1) 寄付
(a) 一括
(b) 分割
(2) 会費
(3) 必要に応じた現物の寄贈

ジョージ・モンタギュー（会長）
バートラム・ブルック
セシル・チャップマン
メアリー・エルコ
ジャネット・ジョンソン
パーシー・メイチェル
T・モット・オズボーン
イザベル・サマセット
ハロルド・ラージ（最高責任者）
イブリン・グレイ

敬具

付録2

リットン卿がタイプ打ちした「レインの心理学的アプローチを解説する試み」からの抜粋

リットン卿がタイプ打ちした「レインの心理学的アプローチを解説する試み」からの抜粋。日付は記されていない。

「これまで私は、想像上あるいは仮説の事例のみを述べてきました。そこで、シシーのケースを取り上げたいと思います。あなた方の理解と協力を必要とする事例です。

彼女は器質性疾患、正確には心臓弁膜の疾患を持っています。そのため右腕の一部は麻痺しています。この心臓疾患が原因で、息切れがしたり、会話が困難になることがあり、それらの症状は興奮するとひどくなります。彼女の何が問題なのか、いまの彼女の状態をもたらしている原因は何なのか、私たちにはわかっています。あなたやバーンズ博士やジェラルド、そのほかの『賢い方々』にも、たんなるヒステリーではなく、本当の病気であることはおわかりのはずです。そしてあなた方は、私たちの『おかしな夢のような事業』が、彼女にどのような利点があるのかと、首を傾げておられることでしょう。

ここに私が筆をとったのは、レインのやり方が謎めいたものでも、怪しいものでも、不思議なものでもないということ、催眠術、暗示、信仰療法とも関係がないことを理解していただきたいからです。きわめて合理的で、筋の通った、科学的な方法なのです。もちろん、あなた方のキリスト教の信念に反するものでもなく、それどころか、キリストの教えを実に正しく立証し、説明しています。レインに人並み外れた力があるわけではありません。彼のやり方がうまくいっているとしたら、それはほかのだれがおこなっても同じように機能するのです。ただ一つ定かでないのは、かかる時間です。あなたが理解してくださるかどうかによって、彼が大きな協力を得られるか、それとも邪魔をされるのかが変わるからです。

私がうんざりするほど長々と、繰り返し同じことを書いているのは、そうすることであなたがレインのやり方を受け入れてくれると信じているからです。この手紙を繰り返し読むうちに、あなたがこう言ってくださることを期待しています。『私にはやはり理解できない。だが、レインがおこなっている方法がどのようなものなのか、何を理想として、何をめざしているのかは多少はわかった。』

私が把握している限りの、シシーの現在までの状況をお伝えしましょう。彼女はレインに、自分は夢を見ることがないのだと話しました。レインはそんなことはない、夢は見るだろうと答え、その後シシーは本当に夢を見るようになりました。彼女の初めての夢は、私がこれまで説明してきた問題を、もっとも明確に象徴するものでした。(ただ、シシーの夢については私は彼女からの手紙で知っただけですし、彼女がどれだけ正確に書いてくれたかはわかりませんが。)

シシーの夢とは、次のようなものでした。彼女はソファに座り、聖職者と話をしていました。そこにだれかが扉を叩いて、中に入れてくれと言います。聖職者は震え上がり、姿を消しました。すると、泥まみれの醜い男が部屋に入ってきて、彼女の服を脱がそうとするのです。彼女は恐怖で目を覚ましました。

彼女と同じように、あなたにもこの夢が理解できないことでしょう。しかし私にしてみれば、これほど明確に彼女の状況を象徴する夢はないと思うのです。

1. 彼女は屋内にいます。つまり、この夢は学校や外の世界ではなく、彼女の内面を表しています。

2. 彼女はソファに座って聖職者と話をしています。聖職者は私が『母の教え（mother law）』と呼んでいる概念を擬人化した典型的な例です。つまり、幼いころに母親、乳母、家庭教師から、その後は宗教、社会、世論によって身についた、慣習化した道徳のことです。医者、警官、校長先生として夢に現れる場合もありますが、聖職者というのはもっとも顕著な姿です。なぜなら聖職者とは、キリスト教だけでなく、世論を反映する存在だからです。

シシーは『母の教え（聖職者）』を快く受け入れていたのですが、そこに扉を叩いて『本能』が現れます。聖職者と『本能』は仲たがいの関係ですが、彼女がソファに座っていることから、明らかに現在の彼女の状況を表していることがわかります。

3. 扉を叩く音に聖職者が怯えます。『母の教え』と『本能』は出会ってはならない関係なので、当然のことです。この扉は分析への入り口で、扉の向こう側では『本能』が待っています。しかし、シシーは聖職者の教えを受け入れているので、『本能』（つまり彼女の生まれつきの性格や意識、生きる力、欲求）は忌まわしく恐ろしい敵の姿で現れます。聖職者が天国からやって来るのに対し、『本能』は『泥まみれ』になる場所から来るのです。

4. 泥まみれの男はシシーに服を脱ぐように言います。夢に出てくる衣服とは、慣習化した思考や防衛を表します。『本能』がそのようにシシーに求めるのは当然です。聖職者の教え、つまり周りの目から自分の内面を守るためにまとっていた『服』を、すべて捨てるように求めているのです。

もし彼女が夢の中で立ち上がり、服をすべて脱いで、醜い男に向かって『これが本当の私の姿よ』と言えていたら、彼女は目覚めたときに解放されていたでしょう。なぜなら、それまで否認、抑制されていた無意識を受け入れたことになるからです。

しかし、実際はそうはなりませんでした。聖職者ががっかりするからです。彼女は泥まみれの男に怯え、裸になること、つまり真実を受け入れることを恐れました。だから彼女は恐怖で目を覚ましたのです。

今はシシーの夢を診断しても、彼女には何のメリットもありません。単なる知的なゲームに思うかもしれません。これから先、聖職者と泥まみれの男は、姿を変えて何度も彼女の夢に現れるでしょう。彼女がその正体に気づくには、まだまだ時間がかかります。

その次に起きると考えられる段階は、泥まみれの男を受け入れることです。シシーは扉を開けないようにずっと努力をしているのですが、それでも男はときどき強引に入ってこようとします。男が入ってくることは、彼女にとって、何よりもつらく、好ましくない事態なのです。

最終的には、彼女は泥まみれの男が自分自身の本質、つまり忌み嫌ったり追いやったりしなくてよい、神から授かった真の自分であることに気づくでしょう。扉を開けて歓迎していい存在なのです。そして聖職者とあいさつを交わし、二人は仲直りするのです。そうして初めてシシーは解放されるのです。」

付録3

女子少年院および職業訓練学校における規則と罰則

1．監督者は、子どもと学校の福祉に見合うよう、いかなる罰も最低限に留めるように最大限の努力をすること。

2．罰とは次の内容をいう。

(a) 特権や報奨の没収、成績の評価の引き下げ、自由時間の縮小、自由の剥奪、落第

(b) 食事の変更

(c) 十二歳以上の子どもに限り、明るく風通しのよい個室への監禁

(d) 例外的な場合における軽度あるいは中程度の体罰

(a)にかんして、子どもの健康に害を及ぼさない程度に留めるよう注意すること。

(b)にかんしては、罰として食事を与えないことは考えうるが、食事による栄養価を大きく下げるものであってはならない。

(c)にかんして、十二歳未満の子どもを個別に監禁してはならない。

十二歳以上十四歳未満の子どもは二四時間以上の個別監禁をしてはならない。

十四歳以上の子どもは学校責任者の承諾なしに四八時間以上の個別監禁をしてはならない。

四八時間以上の監禁を必要とする場合は、すみやかに監督主任にその旨を報告して説明すること。

どの子どもも暗い個室に入れてはならない。

十二時間以上個室に監禁する場合は、何かしらの作業を与えること。
(d)にかんして、例外的に監督者の判断で軽度あるいは中程度の体罰を与えることは可能だが、あくまでほかの方法がすべて失敗だった場合の最終手段であること。
その場合は、最高責任者によって、または最高責任者の同席のもとに、かつ、その指示に従っておこなわれること。

ほかの子どもの前ではおこなわないこと。

体罰を与えた場合は、次の会議の場でその理由と手段を所長または校長に報告すること。

3．右の各項目の場合を除き、だれであっても体罰を与えてはならない。体罰とは、形や程度を問わず、叩く、手錠をかける、揺さぶる、身体的暴力を振るうことを指す。
学校で勤務する者がこれに違反した場合は、監督者は最高責任者に報告すること。

監督者はこの規則をすべての職員に周知すること。

4．監督者は、学校全体またはクラスやグループ内でおこなわれる(a)体罰、(b)個別の監禁、(c)そのほかの重い罰、(d)一般的な罰、のすべてを把握し、すみやかにノートに記録すること。ノートには次の項目を記載すること。

(a)　日付
(b)　違反した子どもの名前
(c)　年齢
(d)　違反の内容
(e)　罰を与えた職員の名前
(f)　罰の内容と程度

5. 記録ノートは毎回の会議で所長または校長が内容を確認し、議長が署名すること。

英国内務省
一九一五年九月一日

解説

リトル・コモンウェルス、サマーヒル、そして、きのくに子どもの村

堀 真一郎

非行少年・少女の自治共和国

本書のはじめに出てくるエピソードにびっくりされた読者は多いに違いない。ロンドンの法廷で治安判事から三人の少女が新設の少年院送りの判決を受けた。その三人を引き取りに来た所長のホーマー・レインは、この子らに手錠をかけるのを拒否したばかりか、係官や警察官による付き添いも断った。そのうえ、三人の一人にタクシーを探しに行かせたり、駅の窓口で自分が切符を買っているあいだにほかの子に新聞を買いに売店へ走らせたりしたという。

普通では考えられないことだ。少女たちには逃走するチャンスは、あり余るほどあったのだ。しかし、彼女たちは逃げなかった。

本書では触れられていないが、同じような話はほかにも伝わっている。ある日、できたばかりの施設から男の子が逃走した。自宅へ向かったと判断したレインが追いかけて途中でつかまえた。そして彼の手にいくばくかのお金を握らせた。そのときのやり取り。

「えっ、何なの、このお金？」

「家までは遠い。歩いたら大変な距離だ。列車を使いたまえ。」

その夜遅く、少年はリトル・コモンウェルスに帰ってきた。そして往復の切符代の釣り銭をホーマー・レインに返した。


レインから影響を受けて世界でいちばん自由な学校と呼ばれるサマーヒル・スクールをつくったニイルは、著書や自伝の中で書いている。

「〝われわれは、子どもの味方にならなくてはいけない〟これがレインが残した不滅のことばだ。」

「味方をする」というのは原語では〝on the side of children〟だ。これは「子どもをかばって弁護や擁護をする」という意味だけではない。子どもたち自身の本心、無意識の深層、事件の事情などを理解して判断しなくてはいけない、という意味でもある。ニイルは書いている。

「彼は、偉大な資質に恵まれていた。（子どもたちの）普通ではない行動の背後に何があるかを瞬時に見抜く不思議な力を本能的にそなえた人であった。」

この不思議な力によってレインは普通では考えられないような発想で運営を続けた。
◇男女共同の更生施設である。
◇家族（ファミリー）単位の生活環境で暮らす。
◇少年少女は「市民（citizen）」と呼ばれ、諸問題の解決に自治方式で対応する。
◇付設の農場などでの労働に対して賃金を払う。

リトル・コモンウェルス
発行の通貨

◇共和国なので、ここだけの通貨がある。（外で買い物をする時は両替してもらう。）

残念ながらホーマー・レインの画期的な仕事は、本書にも明らかにされているような経過をたどって一九一八年に幕を閉じた。わずか五年の実験的な挑戦であった。レインは著書を残さなかった。リトル・コモンウェルスが閉鎖された後、彼の講演を聴いたことのある人たちがその記録やメモをもとに編集して出版した『親と教師に語る』（*Talks to Parents and Teachers*、一九二八年）があるだけである。これは日本では小此木真三郎によって一九四九年に『親と教師に語る』（博文社、のちに文化書房博文社）として翻訳され数万部の売れ行きであったという。特に創造美育協会の教員によく読まれたようだ。

なおリトル・コモンウェルスの職員としてレインを助けたE・T・ベイズリーが『ホーマー・レインとリトル・コモンウェルス』（*Homer Lane and The Little Commonwealth*、一九二八年）という記録を残している。またデイヴィッド・ウィルスがレインの伝記（David Wills ; *Homer Lane – A Biography*、一九四六年）を公にして、その後半でリトル・コモンウェルスの様子とレインのその後の生活を伝えている。この二冊の日本語訳はまだない。

生涯最大の一里塚

レインの影響のもとにユニークな業績を上げた人は、J・H・シンプソンなどごく少数の人に限られている。ニイルは自伝の中で書いている。

「レインが社会に与えた影響はそんなに大きくはない。一九二五年に彼が亡くなってから問題の子どもたちのために公立の施設が、自由と理解を重視する方向へ変わったというわけでもない。……今日のイギリスの教師のうち、どれだけの人がレインの名前を聞いたことがあるだろうか。」

ニイルはかなり悲観的にみているが、しかし二〇一三年十一月、かつてのリトル・コモンウェルス（現在はフランシスコ派の修道院）には一〇〇人近くの人が集まった。リトル・コモンウェルス発足一〇〇周年を記念するシンポジウムを開いたのだ。もちろん本書の著者であるジュディス・スティントンさんも来ておられた。もっとも日本から参加したのは、本書を翻訳した丸山晶子さん、その母親の裕子さん（きのくに子どもの村学園の副学園長）、そして私自身の三人だけであった。

「ホーマー・レインにささぐ。彼の話を初めて聞いたとき、私は自分が教育についてまったくの無知なのだと思い知らされた。」

これはニイルが書いた三冊目の教育書（『まよえる教師』一九二〇年）のレインへの献辞である。彼は自伝の中ではこんなふうに振り返っている。

「……それまでの私は、児童心理学とか力動心理学などというものを聞いたこともなかった。私はレインに会うまでに二冊の本を書いていた。それは暗中模索の書であった。自由を手探りで求めていたのだ。レインは、その私に道を指し示してくれた。……レインこそは私に天啓を与えてくれた人である。」

ニイルはレインより七歳年下なのだが、三四歳のときのリトル・コモンウェルスとの出会いを「生涯最大の一里塚」と呼んでいる。それまでの彼はグレトナ・グリーンという村の小学校の臨時校長として、「自分の頭で考える子ども」を目標にして自主学習などの方法を試みていた。彼は、教育とは「伝統的なものの見方や価値観をかなぐり捨てて、自分自身のものの見方を形成するのを援助することである」と考えていた。しかし、非行少年・少女たちの自治を中心とした共同生活体として運営される施設の存在など想像もしなかったに違いない。しかもレインは、当時としては新しい心理学、つまり精神分析の世界へとニイルを導いたのだった。

六年後の『問題の子ども』には、あのよく知られたことばが登場する。

「困った子というのは実は不幸な子である。彼は内心においてたたかっている。その結果として外界に向かってたたかう。親も同じ船に乗っている。」

ニイルは一九二一年、つまり第一次大戦直後のドイツで運よく学校（ヘレラウ国際学校）を設立し、その三年後にはイギリスへ帰って学校名をサマーヒルと改称した。二〇二一年はちょうど開校一〇〇周年に当たる。もしニイルがリトル・コモンウェルスを知らなかったら、「世界でいちばん自由な学校」といわれるサマーヒル・スクールはあり得なかったに違いない。

ひとこと付け加えると、このサマーヒルの存在に最も大きな衝撃を受けたのが、ジョン・エッケンヘッドである。彼は「ニイルの思想と実践に食いついて、釣り針も釣り糸も錘《おもり》もみんな飲み込んで」しまい、一九四〇年に、「スコットランドのサマーヒル」と呼ばれるキルクハニティ・ハウス・スクールを始めた。この学校は一九九八年に廃校に追い込まれ、現在は「キルクハニティ子どもの村」となっている。

歴史はつながる

私自身のこれまでの道のりにほんの数行ばかり追加するのをお許し願いたい。私が学んだのは、公立校なのに受験指導に猛烈に熱心な高校であった。なにしろ中学の卒業式の翌日には高校から呼ばれ、入試の成績順につくられたクラスでさっそく英語と数学の教科書が配られて正規の授業が始まったばかりか、入学後は毎日のように五時、六時まで補習授業がおこなわれた。大学への合格率もすばらしかった。このときの誠実で熱心な先生たちに刺激を受けた私は、こういう立派な教師、できれば山奥の分校の先生になりたいと思って教育学部を志願することにした。

首尾よく志望校に合格した私に青天の霹靂のように現れたのがニイルとサマーヒルである。くわしくは述べないが、この出会いこそは私にとっても「生涯の最大の一里塚」といってよい。その後は大阪市立大学在職中に学校法人きのくに子どもの村学園を創設して今日に至っている。現在の学園は、日本の五ヵ所に小中学校と高等専修学校を合わせて十一校を運営している。最近は、北は北海道から南は沖縄まで、もう一つの子どもの村をとか、学校づくりをしたいので、とかいった要請や相談などが後を絶たない。

一〇〇年以上も前にわずかに五年間だけ存在したリトル・コモンウェルスが、まわりまわって日本の熱心な人たちに励ましとヒントを与え続けているのである。

日本語訳を終えて

リトル・コモンウェルスの子どもたちは、その多くが都会からやってきた。「デットフォードの問題児」と呼ばれた三人の女の子は、ロンドンのイースト・エンド出身である。造船や海運業が盛んだった工業地帯で、ロンドンの中で、もっとも貧しく、もっとも犯罪が多いといわれてきた地域である。二〇世紀の終わりから再開発が進められたが、世界屈指の経済都市という華やかなイメージとはほど遠い、下町の雰囲気が今もある。

そこから西へ二〇〇キロ。ドーセット州は、夏には人々がこぞって休暇を過ごすために向かう、自然ゆたかな美しい地方だ。リトル・コモンウェルスがあったフラワーズ・ファームのまわりも、森と牧草地が広がる。初めてロンドンから車を走らせたとき、女の子たちがレインと歩いた「両側を深緑色のシダが覆う真っすぐに下りる小道」を見つけるまでに何度も道に迷った。なんと見つけにくい場所なのだろうと思ったが、本書で伯爵の狩り小屋だったと知って納得がいった。（あのような場所で、夜中に脱走した子どもたちは、それだけで十分に勇敢である。）人の移動距離が今よりも格段に短かった時代に、それまで数本の狭くてやかましい通りが生活のすべてだった子どもたちにとって、リトル・コモンウェルスはこの世の果てのように思えただろう。

リトル・コモンウェルスは、今から一〇〇年以上前に、イギリスの片田舎で、わずか五年間だけ実践された試みである。しかし、訳し終えてあらためて驚くのは、本書の内容が古いとも遠い話とも思えないということである。貴族が今よりも力を持っていたとか、女性にまだ参政権が認められていなかったとか、そういった時代の違いはもちろんある。しかし、問題を抱えて困っている子どもにどう対応するべきかという、この本のもっとも重要な部分については、今も同じような議論がおこなわれていることに気づく。この一〇〇年で科学技術は驚くべき速さで発展したが、教育における変化は、なんともゆっくりだと思う。その間、数々の教育者たちが、同じメッセージを発信し続けているというのに。

リトル・コモンウェルスで過ごした子どもたちの多くは、おそらくその後の人生も順風満帆とはいかなかっただろう。自分の内に葛藤を抱えたまま社会に戻り、しかも時代は二つの大きな世界大戦の真っただ中だった。

それでも、家族という概念の中で暮らし、自分のことばにきちんと耳を傾けてくれる人たちに囲まれた環境は、多くの子どもにとって自分自身と真剣に向き合うきっかけになったことだろう。ほとんどの子が、リトル・コモンウェルスを出たあとに、犯罪を繰り返す生活には戻らなかったという。貧しい生活に戻ってしまったかもしれないが、一生懸命に前を向いて生きたのだろう。そして、彼ら彼女らに育てられた次の子どもたちは……。そう考えると、リトル・コモンウェルスの五年間の試みは、間違いなくその後に引き継がれているといえる。

本書の原書である“*A Dorset Utopia*”の著者ジュディス・スティントンは、ドーセット在住の作家である。ドーセット地方の歴史や文学について、史実をもとに執筆をされている。リトル・コモンウェルスについては、別の本のために史料を探していたときに、偶然に知ったそうだ。豊富な史料があるにもかかわらず、ホーマー・レインもリトル・コモンウェルスもあまり知られていないという事実を不思議に思い、多くのリサーチを経て“*A Dorset Utopia*”が完成した。本が出版されてからは、リトル・コモンウェルスについての講演を頼まれる機会もたびたびあるのだという。「関心をもってくれる人が少しずつふえてきたのよ」と喜んでおられた。今回、日本語に訳すことも、快諾してくださった。

堀さん（私が勤務する「きのくに子どもの村学園」では「先生」と呼ばない）から「日本語に訳してみない？」と初めて原書を紹介されてから、申しわけないほど時間がたってしまった。それでも「形にしましょう」と言い続けてくださった堀さんには、貴重な機会をいただいたと思う。「超」がつくほど多忙な中、翻訳のイロハから専門用語の訳し方まで何度も原稿を見てくださり、必要な写真や情報も惜しみなく提供してくださった。それだけでなく、初めてリトル・コモンウェルスを「探しあてた」ときの話や、ニイルから聞いたホーマー・レインの話など、私だけが知るにはもったいない「こぼれ話」もたくさん聞かせていただいた。

スコットランドのキルクハニティ・ハウス・スクール（現在は「キルクハニティ子どもの村」）で知り合ったメアリー・スノーマンとアンドルー・パイルには、辞書を駆使するだけでは読み解けなかったレインの文章から、一〇〇年前の「クリームソーダをつくる機械」がどのようなものかまで、あらゆる種類の相談に乗ってもらった。

そして、黎明書房の武馬社長も、ご多忙な中、丁寧に原稿に目を通してくださった。最初の原稿には、頭を抱えられたに違いない。それでも数々の指摘や意見をくださり、表紙をどうするかというお話があったときは、ようやく形になるのだとほっとした。

日本語に訳すにあたって、より読みやすくなればと思い、原書にはない訳注を加えた。ホーマー・レインやリトル・コモンウェルスについて、日本語で読める資料はとても少ない。一人でも多くの子どもが、今より幸せな毎日が送れるように、そのための参考資料の一つになればと思う。

二〇二二年七月一日

丸山晶子

Richman, Geoff, *Fly a Flag for Poplar*. London, Liberation Films, [1974].
Russell, Bertrand, *Autobiography* Vol. 2, London, Allen & Unwin, 1968.
Simpson, J.H. *An Adventure in Education*. London, Sidgwick & Jackson, 1929.
Simpson, J.H. *Sane Schooling*. London, Faber & Faber, 1936.
Simpson, J.H. *Schoolmaster's Harvest*. London, Faber & Faber, 1954.
Somerset & Dorset Notes and Queries, Vol.1, 1890; Vol.11, 1891.
Standing, E.M. *Maria Montessori, Her Life and Work*, Hollis & Carter, 1957.
Stevenson, John, British Society 1914-45. Harmondsworth, Penguin, 1954.
Udal, John Symonds, *Dorsetshire Folk-lore*. Hertford, Stephen Austin, 1922.
Ward, Colin, (ed.), 'The Legacy of Homer Lane'. *Anarchy 39*. London, Freedom Press, May 1964.
Waring, Edward, *Ghosts and Legends of the English Countryside*. Tisbury, Compton Press, 1977.
Who Was Who, 1961-1970.
Wills, W. David, *The Barns Experiment*. London, Allen & Unwin, 1945.
Wills, W. David, *The Hawkspur Experiment*. London, Allen & Unwin, 1941.
Woods, Alice, *Advance in Co-education*, with an introduction by Homer Lane. London, Sidgwick & Jackson, 1919.

Kelly's Directory of Dorsetshire, 1915.
Kerr, Barbara, *Bound to the Soil*. London, John Baker, 1968.
Lane, Homer, *Talks to Parents and Teachers*. London, Allen & Unwin, 1928.
Layard, John, *The Lady of the Hare*. London, Faber & Faber, 1944.
Low, Barbara, 'The Little Commonwealth', *School Hygiene*, 1916.
Lytton, Earl of, *New Treasure. A Study of the Psychology of Love*. London, Allen & Unwin, 1934.
MacMunn, Norman, *A Path to Freedom in the School*. London, Curwen & Sons, 1914.
Mannin, Ethel, *Confessions and Impressions*. London, Penguin, 1937,
Mannin, Ethel, *Green Willow*. London, Hutchinson, n.d.
Mannin, Ethel, *Rose and Sylvie*. London, Jarrolds, n.d. [1938?].
Marlow, Joyce, *The Tolpuddle Martyrs*. London, Deutsch, 1971.
Mayhew, Henry, (edited by Peter Quennell), *Mayhew's London*. London, Spring Books, 1969.
Meisel, Perry and Kendrick, Walter, *Bloomsbury/Freud: The Letters of James and Alix Strachey 1924-1925*. London, Chatto & Windus, 1986.
Mendelson, Edward, *Early Auden*. London, Faber & Faber, revised and corrected edition, 1999.
Montessori, Maria, *Dr Montessori's Own Handbook*. New York, Schocken Books, 1965.
Neill, A. S., *A Dominie in Doubt*. London, Herbert Jenkins, [1921].
Neill, A. S., *A Dominie's Log*. London, Herbert Jenkins, 1915.
Neill, A. S., *'Neill, Neill, Orange Peel!'* London, Weidenfeld & Nicolson, 1973.
Neill, A. S., *That Dreadful School*. London, Herbert Jenkins, 1937.
Neill, A. S., *Summerhill*. London, Gollancz, 1962.
Penal Reform League Quarterly Record. Vol V1, No 1, Jan 1914.
Perry, Leslie R., *Bertrand Russell/A.S.Neill/Homer Lane/W.H.Kirkpatrick*, Collier - Macmillan, 1967.
Potter, Cecil, 'The Scout Farm'. *The Scouter*, September 1960.
Pound, Reginald, *Selfridge*. London, Heinemann, 1960.

The Builder, Obituary of C. H. Biddulph-Pinchard. May 19, 1944.
Burt, Cyril, *The Young Delinquent*. London, University of London Press, 1925.
Carpenter, Humphrey, *W. H. Auden: a biography*. London, Allen & Unwin, 1981.
Chaplin, Charles, *My Autobiography*. London, Bodley Head, 1964.
Chapman, Cecil, *The Poor Man's Justice*. London, Hodder & Stoughton, [1925].
Coffin, Leslie W., *Cerne Abbas & Villages*. Holnest, Sherborne, Miss S.E.M. Coffin, [1987].
Croall, Jonathan, (ed.), *All the Best, Neill*. London, Andre Deutsch, 1983.
Croall, Jonathan, *Neill of Summerhill: the permanent rebel*. London, Routledge & Kegan Paul, 1983.
Darton, F. J. Harvey, *The Marches of Wessex*. London, Newnes, 1922.
Dictionary of National Biography.
Dorset County Chronicle, July 31, 1913; Nov 27, 1913.
Dunstan, Petà, *This Poor Sort*. London, Darton, Longman and Todd, 1997.
Evans, George Ewart & Thomson, David, *The Leaping Hare*. London, Faber & Faber, 1972.
Hardy, Thomas, *Poems of the Past and Present*, London, Harper & Bros, 1902 [1901].
Hardy Thomas. *The Woodlanders*. London, Macmillan, 1887.
Headquarters Gazette, September 1911, July 1912, February 1914, March 1916.
Hilfield and Hermitage Women's Institute, *Village Record of Hermitage and Hilfield*, 1965.
Hoare F. R. 'Principles of Discipline and Self-government. An experiment at Riverside Village'. Report of the Sixth Annual Conference of Educational Associations, 1918.
Holmes, Thomas, *The London Police Courts*. London, Nelson. n.d. [190?].
Jones, Howard, *Reluctant Rebels*. London, Tavistock, 1960.
Judge, Roy, 'Mary Neal and the Espérance Morris'. *Folk Music Journal*, Vol. 5, No 5. London, English Folk Dance & Song Society, 1989.

Commonwealth, 1918.
MSS.16c/3/LC/9 Letter to Dr Wilson from M.L. Shaw, concerning the closure.
MSS.16c/5/1/16 Report on the Closure of Riverside Village [1917].

Dorset County Museum, Dorchester, Dorset.
Photocopies of the first and last pages of the Little Commonwealth Visitors' Book. Hardy, Thomas. Draft letter to the editor *Notes and Queries*, concerning the Cross in-Hand, undated.
Moule, Henry Joseph. Letter to Emma Hardy, Michaelmas 1900.

Other Sources
Conversations with Craig Fees of PETT, Brother Philip Bartholomew and Brother Reginald of Hilfield Friary.
Correspondence with Bryn Purdy, Colin Ward and Zoë Readhead.
'Prophets, Charlatans and Little Gurus'. Discussion on Homer Lane with Ray Gosling, Harry Thompson, Kenneth Barnes and Colin Ward. Produced by Alistair Wilson, Radio 4, Nov. 14, 1982.
'Undesirable Alien'. Play about Homer Lane by Allen Saddler. Radio 4, 1982.

SECONDARY SOURCES

1 Published

Auden, W. H. & MacNeice, Louis, *Letters From Iceland*, London, Faber & Faber, 1937.
Auden, W. H., *Poems*, London, Faber & Faber, 1930.
Balsan, Consuelo Vanderbilt, *The Glitter and the Gold*. London, Heinemann, 1953.
Blishen, Edward, (ed.), *Blond's Encyclopaedia of Education*. London, Blond Educational, 1969.
Boyd, Martin, *Day of My Delight*. Melbourne & London, Lansdowne Press, 1965.

10/3 Catalogue of the sale of scientific and photographic apparatus held on 25 Jul 1919 including some equipment from the Little Commonwealth.
11/1 Descriptions of the home for vagrants including details of the staff and meals provided. Two docs n.d. [1921, 1922].
11/2 Correspondence and receipts relating to donations from the Little Commonwealth Fund to the brotherhood. 14 docs, Jun 1923 - Jun 1924.

Planned Environment Therpy Trust, Toddington, Cheltenham
PP/WDW. Comprehensive David Wills Collection, including his research material for *Homer Lane: a Biography*. Particularly useful for Lane's early life before leaving America and for interviews made by Wills with Lord Sandwich, Bertram Hawker, J. H. Simpson and Cora Lane. Also containing some of E.T.Bazeley's notes for *Homer Lane and the Little Commonwealth*, and letters to her from citizens, both during the Commonwealth and after its closure.

Knebworth House Archive, Old Knebworth, Herts
Three boxes of uncatalogued papers belonging to Lord Victor Lytton. Boxes I and 2 include letters relating to events leading to the closure of the Little Commonwealth, 1918-19 and assessments of Lane's culpability. Letters from Lady Sandwich, Lady Betty Balfour. Notes by Lord Lytton contesting the Home Office verdict and his own version of the Report on the closure of the Little Commonwealth. Some letters from citizens.
Box 3 includes Lytton's 'An attempt to explain the principles of Lane's psychology' (n.d.).

Warwick Modern Records Centre
MSS.16c/3/LC/1 First Annual Report of the Little Commonwealth, 1914.
MSS.I6c/3/LC/6 'Some unsolicited Impressions of the Little Commonwealth', reprinted from *Exeter Express and Echo* [1916].
MSS.16c/3/LC/8 Notes by Dr H. Wilson, Chairman of the managers of Newbury Women's Training Colony, concerning the closure of the Little

5/2 Third Annual Report 1915 - 1916. Includes balance sheet as at 30 Jun 1916 and income and expenditure account 1 Jul 1915 - 30 Jun 1916. One booklet 1916.
6/1 Probation Officer's Record Book. Gives citizens' case histories sometimes with details after they left the Little Commonwealth. One vol. Jun 1915 - Sep 1918.
6/2 Register of citizens' medical records. One vol. May- Dec 1917.
6/3 Letter from Lord Sandwich to Homer Lane, discussing the procedure for transferring citizens from the Little Commonwealth to schools or employment. One doc. 19 Jul 1918.
6/4 Reports on the character of citizens and recommendations as to their transfer to other schools or employment. 30 docs. n.d. [1918].
7/1/1 Elevations, sections and floor plans [of Bracken Cottage]. n.d. [c. 1913].
7/1/2 Elevations, sections and floor plans of proposed cottage [Heather Cottage] n.d. [c 1913].
7/2/1 Bramble Cottage housekeeping furnishings Contains an inventory of equipment and furniture Jul 1915 - Sep 1916; work lists Jul - Aug? 1915/1916; inventory of personal articles in various rooms Dec 1915 - Jul 1916. One vol.
8/1/1 Rules of the Little Commonwealth. 25 pieces, 1915.
8/1/2 Register of the Children's Court. One vol. Dec 1913 - Nov 1917.
8/3/1 Dairy account book. Contains an inventory of cows and equipment and daily summary of milk yields for July. One vol, Jul - Sep 1918.
9/1/1 Articles from national, local and international newspapers about the foundation and progress of The Little Commonwealth Jan 1911 - May 1914, with some loose cuttings about the closure, 1918. One vol.
9/1/2 Articles mainly from local newspapers about the foundation of the Little Commonwealth. One vol, May 1912 - Jun 1912.
9/2/1 Home Office rules for girls' reformatory and industrial schools. One doc, 1915.
10/1 Catalogue of the sale of farm stock and equipment of the Little Commonwealth held on 25 Mar 1919.2 docs, 1919.

3/1/2 Copy out-letters from George Montagu to correspondents, 13 Oct 1915 - 15 Feb 1916, and to Lane, 1 Feb 1916 - 10 Feb 1916. One vol.
3/1/3 In-letters concerning subscriptions and donations, citizens, visits to the Little Commonwealth and equipment 376 docs, Aug 1916 - May 1920.
3/2/1 Correspondence to and from Homer Lane relating to the admission, discharge and absconding of various citizens and details of citizens' claims and maintenance payments. Jun 1917.4 docs. Apr 1917 - Feb 1918.
3/3/1 Correspondence from Homer Lane and others mainly to Lord Sandwich relating to the closure of the Little Commonweath. Includes a draft letter to the parents of citizens, an official letter to subscribers and a copy letter of resignation of the school's certificate to the Home Office. 105 pieces.. Jan 1918 - Oct 1918.
3/3/2 Printed account by Homer Lane of events entitled *The Closing of the Little Commonwealth* issued by the Committee, statement to subscribers and rough drafts and notes. 9 docs n.d. [1918/1919].
3/3/3 Notes on the Home Office enquiry, including Mr Lane's account of the investigation. One doc. n.d. [1918].
3/3/4 Paper presented to the General Committee 22 Jun 1918 by Mr Lane explaining the Freudian principles on which the Little Commonwealth was based. One doc. 1918.
3/3/5 Rough transcript of a statement by Mrs Jones of events at the Little Commonwealth One doc. 20, 22 Jan [?1918].
3/3/6 Rough notes of events at the Citizens Court, summer 1917.8 pieces n d. [c? 1918].
3/3/7 Notes and comments on the statements of various people during the enquiry, notes for an official statement by Lord Sandwich, and notes on the funding of the Little Commonwealth. 40 pieces n.d. [?1918].
5/1 Second Annual Report 1914-1915 Includes a summary of the laws and principles of the Little Commonwealth. Block plan and photographs of the cottages, balance sheet at 30 Jun 1915 and income and expenditure account I Jul 1914 - 30 Jun 1915. One booklet 1915.

2/4/1 Cash book (receipts and expenditure). One vol, Aug 1911 - Oct 1924.
2/4/2 Secondary accounts. Journal. One vol, Jun 1913- May 1922.
2/5/1 Building Fund. Receipts. One vol, Jul 1914 - Feb 1916.
2/6/1 Ledger of subscriptions paid by sponsoring authorities and private guardians for citizens. One vol, Sep 1917- Sep 1918.
2/7/1 Accounts of expenses incurred by Mr Lane and other members of staff and citizens in attending the Home Office enquiry. One doc, 26 Apr 1918.
2/8/1 Correspondence and receipts relating to the establishment and financial administration of the Little Commonwealth Fund; donations mainly to the Home of St Francis and the Caldecott Community. 69 docs, Jan 1921 - Aug 1935.
2/8/2 File containing receipts for war bonds; income tax claim account; list of citizens in residence at 30 Jun 1918; two letters from Lord Sandwich about the establishment of the St Francis Home. 7 docs, c.Sep 1918 - Jan 1922.
2/8/3 Correspondence relating to citizens killed in the First World War and the erection of a war memorial in Batcombe Church. 5 docs, Nov - Dec 1922.
2/8/4 Correspondence between Lord Sandwich, committee members and the Bishop of Liverpool about a donation to Mrs Lane after the death of Homer Lane, 1925; the placing of a memorial to him at the Little Commonwealth and the publication of books based on his work; articles from *The Times* about a court case involving Homer Lane 1925; correspondence between Lady Sandwich and Mrs Lane about Homer Lane's death and the family, 1925, 1929; letter from Raymond Lane about a former citizen 1926; fund accounts 1926.51 docs, Mar 1925 - Jan 1929.
2/8/5 Correspondence with Lord Sandwich relating to the establishment and funding of Q Camps including printed reports. 27 docs, May 1935 - Jun 1936.
2/8/6 Correspondence and receipts relating to donations mainly to Q Camps and the Home of St Francis. Includes a copy of the constitution of the Little Commonwealth. 50 docs, Jul 1935 - Jul 1940.
3/1/1 Copy out-letters from George Montagu to Homer Lane. One vol, 13 Oct 1915 - 30 Jan 1916.

参考文献

PRIMARY SOURCES

1 Published

Bazeley, E. T, *Homer Lane and the Little Commonwealth*. London, Allen & Unwin, 1928.

Bridgeland, Maurice, *Pioneer Work with Maladjusted Children*. London, Staples Press, 1971.

Wills, W. David, *Homer Lane: a Biography*. London, Allen & Unwin, 1964.

2 Unpublished

Dorset Record Office, Dorchester, Dorset. D/LCW. An extensive archive of manuscripts, ledgers, typescripts, letters, notes, pamphlets, catalogues, plans and press-cuttings relating to the Little Commonwealth, of which the most relevant are listed below:

1/1 Signed minutes of the General Committee. Includes a letter from the Committee to the Home Office 9 Jul 1918, a letter of resignation from Lord Lytton 6 Jul 1918, and draft letters to parents and subscribers about the closure. One vol, Jul 1913 - Jun 1925.

2/3/1 Distribution of expenses. Details of housekeeping, mechanical, farm livestock, farm crops, educational, executive, social, buildings and housing, religious, citizens and industrial accounts for each month. One vol, Jul 1913 - Sep 1918.

2/3/2 Details of expenses, housing and food costs; income and statistical information by week for the cottages Bramble, Heather and Bracken. One vol, May 1914 - Sep 1918.

●監訳者紹介

堀　真一郎

1943 年福井県勝山市生まれ。1966 年京都大学教育学部卒業。1969 年同大学大学院博士課程を中退して大阪市立大学助手。1990 年同教授（教育学）。

大阪市立大学学術博士。

ニイル研究会および新しい学校をつくる会の代表をつとめ，1992 年 4 月和歌山県橋本市に学校法人きのくに子どもの村学園を設立。1994 年大阪市立大学を退職して，同学園の学園長に専念し，現在に至る。

●訳者紹介

丸 山 晶 子

10 代の 2 年間を「スコットランドの小さな自由学校」キルクハニティ・ハウス・スクールで過ごす。
現在は，学校法人きのくに子どもの村学園きのくに国際高等専修学校教員。

非行少年《ひこうしょうねん》・少女《しょうじょ》の自治《じち》共和国《きょうわこく》

2022 年 9 月 10 日　初版発行

監訳者　堀《ほり》　真《しん》　一《いち》　郎《ろう》
訳　者　丸《まる》　山《やま》　晶《あき》　子《こ》
発行者　武　馬　久　仁　裕
印　刷　藤原印刷株式会社
製　本　協栄製本工業株式会社

発　行　所　株式会社　黎《れい》　明《めい》　書《しょ》　房《ぼう》

〒460-0002　名古屋市中区丸の内 3-6-27　EBS ビル　☎ 052-962-3045
FAX 052-951-9065　振替・00880-1-59001
〒101-0047　東京連絡所・千代田区内神田 1-4-9　松苗ビル 4 階
☎ 03-3268-3470

ISBN978-4-654-02375-2